销售话术

朝歌———— 编著

中国致公出版社 · 北京

图书在版编目（CIP）数据

销售话术 / 朝歌编著 . -- 北京 : 中国致公出版社，

2024.5

ISBN 978-7-5145-2273-0

Ⅰ . ①销… Ⅱ . ①朝… Ⅲ . ①销售—口才学—通俗读

物 Ⅳ . ① F713.3-49 ② H019-49

中国国家版本馆 CIP 数据核字 (2024) 第 098145 号

销售话术 / 朝歌 编著
XIAOSHOU HUASHU

出　　版	中国致公出版社	
	（北京市朝阳区八里庄西里 100 号住邦 2000 大厦 1 号楼西区 21 层）	
出　　品	北京紫金尚品文化传播有限公司	
发　　行	中国致公出版社（010-66121708）	
作品企划	刘慧滢	
责任编辑	罗长敏	
责任校对	魏志军	
装帧设计	韩海静	
责任印制	程　磊	
印　　刷	德富泰（唐山）印务有限公司	
版　　次	2024 年 5 月第 1 版	
印　　次	2024 年 5 月第 1 次印刷	
开　　本	670 mm×960 mm　1/16	
印　　张	12	
字　　数	115 千字	
书　　号	ISBN 978-7-5145-2273-0	
定　　价	59.00 元	

前言

改革开放以来，我国企业经历了四十多年新的发展，整体效益呈现出增长的趋势。但近年来，全球竞争进一步加剧，冲击接踵而至，给很多中小规模企业带来了严峻的生存挑战。体现在企业内部，尤其暴露出"将产品和服务卖出去"的能力欠缺问题，这是许多企业管理者都不得不面对的问题，也让众多销售员深感从业的艰难。

其实，问题不光出在企业内部。长久以来，社会上许多人都对销售工作存在偏见，这些偏见不仅影响了销售作为企业重要工作的开展，也削弱了销售员提升能力素养的积极性。

在当下，不少销售员仅将销售工作看成短期谋生的工具。他们认为，只要设法让客户付费，自己能拿到相应的佣金即可。为了达到目的，他们不注重销售技巧的磨炼，不深入了解产品，不重视售后服务，一旦出现问题，就采取逃避态度，推脱责任等。这些问题源于销售员的错误行为，最终成为企业无力解决的难题，例如客户签单犹豫、付款拖拉、新客户难以信任品牌以及老客户缺乏忠诚度……这些问题不仅影响了企业利润的长期增长，也阻碍了销售员自身的成长。

销售员在市场营销中发挥着重要作用，既要为企业着想，也要秉持为客户服务、对社会负责的精神理念，才能左手创造自我优秀业绩，右手打造企业良好形象。当销售员能够用心理解客户的所想和所需，并站在客户的角度为客户提供优质的产品和真诚的服务时，大多数客户都会理解和包容他们的无心之错，接受他们善意的建议，最终建立和谐的关系，并愿意购买销售员推销和代言的产品。销售员必须以此为目标，才能从个人职业、企业利益和客户信任的关系中，找到最稳定、最持久的个人发展定位。

"言为心声"，只有良好用心还远远不够。销售员应懂得如何应对复杂的情境，对客户所提出的不同问题，做出及时、科学、准确的回应，让客户在一问一答的语言中，尽快了解和认同销售员的观点，进而赞赏与肯定销售员的付出。

为帮助更多的销售员掌握更专业的语言技能，善于在不同情境中巧妙回答客户的问题、应对客户的质询，本书作者将营销咨询职业生涯中多年积累的经验融入近200个销售场景里，针对每个场景中销售员需要重点应对的各类情形，总结出实用而周密的对话模板。无论销售员是否经历过这些场景，都能通过阅读学习而在脑海中"反复预演"，并在必要时从容应对，以高情商的语言表现，赢得客户的心。

本书共分十章，以销售工作的时间顺序为逻辑线索，包括初次认识、二次拜访、探询需求、凸显价值和确定价格等售前准备工作，也包括应对异议、签单落实的销售落实工作，同样包括了处理催款、投诉和维护客户关系等售后服务工作。作者在每章中都列举出了不同的场景，分析和列举情境中客户的所思所言，并为读者准备了相应的对答内容和沟通技巧。

本书建立在消费心理科学的基础上，以客户行为表现为依据，为销售员设计了不同的引导模式和与之相匹配的话术，能帮助销售员先知道如何说，再了解为什么这样说。当销售员熟练掌握了书中的引导技巧和沟通话术，不仅能正确应对各类常见的消费情境，快速完成服务，还能凭借经验举一反三，高效解决实践中可能遇到的新问题。

销售不仅是一项伟大的事业，也是一门复杂的艺术，虽然销售的入行门槛看起来很低，但其中的内涵却包罗万象，种种关系矛盾暗藏着无数困境，考验着从业者的人格、品质和智慧。销售者只有通过耐心扎实的学习与总结，才能有效解决遇到的难题，并在所选择的岗位上取得卓有成效的成长。作者衷心希望本书能陪伴广大销售从业者树立坚定信心，找准适合的方向，助力个人发展，也希望本书为更多团队和企业带去坚实有力的帮助。

目录

第四章 销售策略：用价值激发购买欲望

第五章 | 言语攻心：在价格讨论中占得先机

第六章 | **灵活交流：打破客户异议的壁垒**

第九章 ┃ **化解矛盾：构建和谐的客户关系**

第十章 ｜ 积极回访：增进感情的有效途径

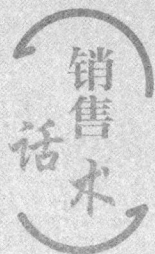

第一章

印象管理:
用语言叩开客户心门

客户问"你找我有什么事吗？"

【情境分析】

初次拜访时，客户或者客户公司的前台、客户的助理，很可能会质疑你的身份和来意。销售人员需要说出合理理由，建立初步信任。

【客户提问】

客户："你好，请问你找我有什么事吗？"

【普通回答】

销售员："我是××公司的营销经理×××，特地来向您介绍××产品。"

【高情商回答】

销售员："我是××公司的营销经理×××，昨天给您发了一封邮件，今天我来确认一下您是否收到了相关的内容。"

【技巧提示】

1. 销售员要尽量说出合理理由，让对方觉得你的到来顺理成章。要表露出有益于对方的意图，只要客户真正明白自己能从中获益，是不会反感和拒绝的。

2. 如果双方有共同业务领域或者朋友，可以直接向对方说明。例如，"我和您的业务有交集，今天特地来拜访和学习。"

客户问"你们店打折吗？"

【情境分析】

客户在收到打折活动通知后，选择前往门店，大都带有较强的消费意愿。销售员把握好话术时机，可以提升成交额。

【客户提问】

客户："你们不是打折吗？我特地过来的。"

【普通回答】

销售员："是啊，我来给您介绍一下打折的商品。"

【高情商回答】

销售员："打折商品确实很受欢迎。我建议您跟其他几款商品比较一下，看看哪款更实惠。"

【技巧提示】

1. 先肯定客户为打折商品而来是非常聪明的选择，强化其购买意愿。

2. 不要立即简单地向顾客推销打折商品，这相当于杜绝了他们购买其他商品的可能。

3

客户问"你是怎么知道我电话号码的？"

【情境分析】

初次见面，客户对销售员有所警觉，戒备心强。销售员与客户对话时态度要诚恳，让他们既能认可你的来意，也能确信人身安全。

【客户提问】

客户："你是怎么知道我电话号码的？"

【普通回答】

销售员："我们非常有诚意向您介绍产品，所以有您的电话号码。"

【高情商回答】

销售员："您好，您在业界向来知名，电话号码我们是通过行业内部渠道了解到的。"

【技巧提示】

1. 尽可能确保通信渠道合理而可信，例如朋友介绍、同事推荐、行业协会提供、互联网黄页查询等。

2. 在回答中适当赞美对方，拉近彼此关系。赞美应真诚适度，让客户自然接受。

客户问"你怎么不找负责人？"

【情境分析】

销售员找的并非对方负责人，但也与项目有重要关系。此时需要充分利用其价值，争取获得更重要的信息或帮助。

【客户提问】

客户："我不负责这个项目，你们怎么不直接找这个项目的负责人呢？"

【普通回答】

销售员："那这个项目的负责人是谁？"

【高情商回答】

销售员："您就是××，我之前听领导说起过您，说您工作很负责。可惜到今天才认识。对了，前几天和您这边的××联系，说希望我们做报价，但现在联系不到他了，麻烦您帮我看看该找谁汇报。"

【技巧提示】

1. 不要直接询问对方负责人是谁，你并非对方的上级。

2. 一定要尊重对方，用请求口吻寻求帮助。

客户问"你为什么下班还谈工作？"

【情境分析】

客户下班时还遇到销售员，或者接到销售员的电话，确实会情绪不佳。销售员要理解客户的处境，选择正确话术应对。

【客户提问】

客户："你为什么下班了还来推销啊？"

【普通回答】

销售员："不好意思，我不知道你们下班这么早。"

【高情商回答】

销售员："真是对不起，您现在下班了是吧？那我明天再来吧。"

【技巧提示】

1. 销售员要了解客户真实的情绪状态，遵从其感受来选择随后的沟通方向。

2. 避免和客户就"下班时间"的话题纠缠。

客户说"我没听说过你"

【情境分析】

客户表明对销售员缺乏了解而不愿信任，但他们愿意说出来，也不失为良好的开端。

【客户提问】

客户："怎么不是以前的销售员了，我好像不认识你？"

【普通回答】

销售员："您放心吧，我也很专业。"

【高情商回答】

销售员："您好，我正准备向您自我介绍呢。我叫×××，是××公司的销售经理。我们之前未曾谋面，但我相信通过交流，我有机会为您提供更多服务。"

【技巧提示】

1. 销售员应以礼貌友好的方式主动回应，必要时可以为没有做自我介绍而道歉。

2. 主动解答客户的疑惑，要根据实际情况坦诚回答。

客户说"我马上要开会"

【情境分析】

当客户说自己正在或者马上要开会时，销售员可以询问再次打电话的时间，确保本次联系有一定的收获。

【客户提问】

客户："你怎么总是打电话，不知道我正在开会吗？"

【普通回答】

销售员："好的，那现在先不打扰您了。"

【高情商回答】

销售员："对不起，您看下午1点我方便打过来吗？"

【技巧提示】

1. 如果无法直接和客户沟通，销售员就要想办法获得其他重要信息。

2. 如果对方是客户的同事、助理、下属等，还可以设法获得客户本人的联系方式，并承诺在会议结束后再打电话。万一无法通过对话获取更重要的信息，最起码要让客户或其身边人了解事情的重要程度。

客户说"你留个联系方式就行"

【情境分析】

客户以借口来结束沟通，此后主动联系销售员的可能性并不大。销售员应进一步强化客户购买意愿，推动销售。

【客户提问】

客户："你有联系方式吗？"

【普通回答】

销售员："我的联系方式是……"

【高情商回答】

销售员："这是我的名片，请您收下。我们正在举办××活动，截止日期快到了，您什么时候有空我可以再来拜访，周五下午怎么样？"

【技巧提示】

1. 留下联系方式时不要提购买，以免显得目的性太强。

2. 销售员应借助回答，创造未来的拜访机会，了解客户的更多想法。

客户说"我会转告给领导"

【情境分析】

初次拜访时，客户所谓"转告领导"，通常都是敷衍，即便如实转告，也无法产生销售效果。销售员不能直接放弃，而是要改变出击的角度。

【客户提问】

客户："你留下联系方式了吗？等领导回来我会帮你转告的。"

【普通回答】

销售员："好的，谢谢，请一定记得。"

【高情商回答】

销售员："非常感谢。不过这件事情对贵公司很重要，之前和领导邮件联系过，他想要当面沟通。您知道领导还有其他联系方式吗？"

【技巧提示】

1. 不要听到对方说转告，就信以为真或者直接放弃。

2. 强调曾经和对方领导联系过，降低获取真实信息的难度。

客户说"我先看看产品资料再说"

【情境分析】

客户想拒绝时经常会采用这种说法。此时销售员要努力激发客户的兴趣，让他们愿意继续交谈。

【客户提问】

客户："产品资料你留了吗？等我看完产品资料再说。"

【普通回答】

销售员："好的，您仔细看看啊。"

【高情商回答】

销售员："我们的资料既有项目纲要，也需要配合销售人员的说明，需要根据每位客户的具体需求进行设计或展示，等于是个性化的服务。如果您只看资料恐怕意义不大。不如这样，您告诉我您什么时候有空，我再过来给您详细介绍。"

【技巧提示】

1. 要告诉对方产品资料并不是单一和刻板的，而是需要结合其特征使用。

2. 要向对方说明自己并不是必须卖产品，而是为客户提供了解市场的机会。

客户说"这个产品不好用"

【情境分析】

客户可能真的买过类似的产品，所以对销售员的推销不感兴趣。当然，他也可能是想让你知难而退。

【客户提问】

客户："这个产品好用吗？"

【普通回答】

销售员："我们的产品跟其他的产品不一样。"

【高情商回答】

销售员："既然您购买过类似的产品，想必您对产品的功效还是有所期待的，只是您对原来那款产品不满意。您可以先看看我们的产品资料，了解一下两者的区别，以便您能做出更好的选择。等您看完后，我再和您联系。"

【技巧提示】

1. 不要被客户的说法吓退，他很可能是在夸大其词。

2. 不要攻击客户曾经使用过的产品。

3. 即便客户说话难听，也不要放弃，销售员要有足够的耐心，关键是要奠定进一步联系的基础。

客户说"单位规定不准推销"

【情境分析】

在前往企事业单位推销时，很容易遇到类似说法。这表明客户有明显的拒绝意味，但销售员并非没有应对方法。

【客户提问】

客户："你进来的时候没有看到门口竖着禁止推销的牌子吗？"

【普通回答】

销售员："可以破个例嘛。"

【高情商回答】

销售员："我今天来并不是做推销的。我是为您提供一个解决问题的方案，这个方案只占用您三分钟时间，您听一下，然后您再做决定。"

【技巧提示】

1. 不要灰溜溜地离开，这种心态不利于锻炼话术。

2. 不要寻找借口，更不应将借口强加于人。

客户说"我进来随便看看"

【情境分析】

客户很容易产生自我保护的心理。他们大都在寻找了解自己的销售员，只有找到这样的人，他们才愿意付费。

【客户提问】

客户："你们在搞活动吗？我就是进来看看。"

【普通回答】

销售员："好的，有什么需要，随时叫我。"（随后离开）

【高情商回答】

销售员（观察客户，发现客户正在看一瓶香水）："美女，我看您一直在看这款产品的香味说明，看来您很懂香水。我这里有一份小样，给您试试……"

【技巧提示】

1. 面对"随便看看"的客户，应该先多观察。

2. 通过观察，找到进一步沟通的时机，再提出准确建议。

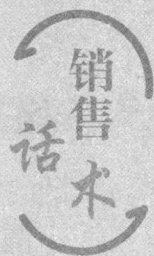

第二章

拜访跟进：
确保销售成功的关键

客户问"产品有什么特点?"

【情境分析】

身处海量信息中,很少有人能长期保持专注。当客户的注意力游离于谈话之外,销售员也就难以开展真正有效的沟通。

【客户提问】

客户:"你们的产品都有什么特点?"(看手机)

【普通回答】

销售员:"先生,您在听吗?"

【高情商回答】

销售员:"先生,您现在是不是有点忙?按理说我不应该这时来拜访您,但是我不希望您错过这样的好机会。"

【技巧提示】

1. 当客户没有认真倾听时,销售员就应察觉到对方的心理变化,停止继续推销产品。

2. 销售员应选择有趣的话语,结合幽默、设置悬念的方式,激发客户的对话兴趣。

客户问"怎么又是你？"

【情境分析】

如果客户认为销售员没有选择正确的拜访时间，他们就会表现得很不耐烦，甚至不顾礼貌地指责。

【客户提问】

客户："什么情况，怎么又是你？"

【普通回答】

销售员："我上次来拜访已经过去很久了。"

【高情商回答】

销售员："谢谢您还记得我。我们昨天在电话里约好的，看您现在挺忙的，要不我明天再过来？"

【技巧提示】

1. 无须向客户漫无边际地解释，客户此时也没有兴趣和销售员聊天。此时最重要的是推进话题发展。

2. 消除客户的负面情绪后，保持良好的服务态度，以迂回策略和客户继续沟通。

客户问"怎么不派领导来介绍？"

【情境分析】

某些客户会用年龄、资历、职位来评价销售员，并对此挑三拣四。此时你应该学会正确消除其不平衡的心理，改变其固有的偏见。

【客户提问】

客户："这次贵司还是没有派更高级别的经理来吗？"

【普通回答】

销售员："我们领导最近在忙。"

【高情商回答】

销售员："是啊，最近公司都要求由我来负责您这边的项目。不仅如此，××公司的××项目也是我在跟进，他们的下一期工程也直接交给我了。"

【技巧提示】

1. 为避免客户的"歧视"，销售员要学会充分展示自己的价值。但不应寻找错误的借口。

2. 借助第三方关系，也能帮助你有效抬高自我身份。某些情况下，也可以指出客户的不足，拉近双方心理距离。

客户问"上次买完产品怎么就没见到你了？"

【情境分析】

销售员是连接客户与企业之间的重要纽带。如果本次沟通确实距离上次交易有一段时间，就要认真解释原因。

【客户提问】

客户："上次买过产品以后，怎么好久没看到你了？"

【普通回答】

销售员："我最近真的很忙，您也有我的名片啊！"

【高情商回答】

销售员："真是对不起，前段时间我临时到外地出差，时间比较紧，没来得及向您说。您太太对那套产品的使用情况如何，有没有什么特别情况？"

【技巧提示】

1. 适当强调客观原因，并为自己之前没有顾及到客户的感受道歉，缓和对方的负面情绪。

2. 提及客户购买产品的一些细节，让对方知道你仍旧很清楚其购买的情况，并随时能提供周到服务。

客户问"其实你是想推销产品吧?"

【情境分析】

当客户已经看出你再次来访的目的时,销售员就应该大方承认,让谈话内容围绕销售主题展开。

【客户提问】

客户:"你是想给我推销产品吗?"

【普通回答】

销售员:"那我就直说了,我确实想要给您介绍××产品。"

【高情商回答】

销售员:"您看人确实很准!我有一种方法,能够解决您的××问题。您可以先听我介绍一下,买不买没关系,可以吗?"

【技巧提示】

1. 客户看出你的来意后,销售员就没有必要拐弯抹角。这说明他们有过类似经验,销售员要做的则是带给他们不同的感受。

2. 适当夸赞客户,营造轻松氛围,让客户愿意听你继续讲述。

客户说"你的那些话术我都清楚"

【情境分析】

初次拜访时，销售员在客户心中留下的印象并不太好。如果再次拜访时，不能改变客户对你的看法，销售就会难以继续。

【客户提问】

客户："你们的话术都是提前培训好的吧？我对你的话术都清楚。"

【普通回答】

销售员："话术归话术，但我说的事情都是真的，没有骗您啊。"

【高情商回答】

销售员："如果仅仅靠话术就想让现在的消费者相信，基本上是不可能的。实际上，我这次就带来了产品的详细资料，包括各种参数指标、检测报告，向您详细介绍。另外，如果我上次说了一些不当的话，请您多多指正。"

【技巧提示】

1. 不要和客户争执关于话术的问题，而是要用事实证明自己不仅仅依靠话术在做销售。

2. 坦率地向客户展示自己愿意改错的诚意，让对方将不满说出来，也可以展示出你的谦逊态度。

客户说"我想选择其他渠道了解"

【情境分析】

即便客户明确了自身需求，也并不一定会选择销售员。销售员需要先让客户认可自己的服务理念。

【客户提问】

客户："你们产品的销售渠道有哪些？其他朋友给我介绍过类似的产品，我想再通过他们了解一下。"

【普通回答】

销售员："好的，他们的渠道应该不会比我们的更专业。"

【高情商回答】

销售员："谢谢您对我说真话。可能我上次和这次都没有做到最好。您能否透露一下，我还有哪些能做得更好的地方呢？"

【技巧提示】

1. 千万不要和客户的其他购买渠道进行比较，否则只会让客户对整个行业产生怀疑，降低未来购买的可能。

2. 当客户对你半信半疑的时候，可以主动请他们指出你的不足，即表明他们的怀疑方向。

客户说"我担心你们公司名气太小"

【情境分析】

部分客户消费时会过分注重品牌，认定大品牌意味着质量好、服务佳。对于名气不大的品牌，则会认定没有保障。

【客户提问】

客户："你们公司的名气不大。你们的产品靠谱吗？"

【普通回答】

销售员："我们公司虽然名气不大，但已经有很多人选择购买我们的产品了。"

【高情商回答】

销售员："看来我们的品牌宣传还不到位。不过您选购产品首先看重的是功能、性价比和服务吧，我先来介绍一下。"

【技巧提示】

1. 应该将客户的着眼点从品牌大小引导到质量和服务上来。

2. 避免和客户无谓争辩，可以向客户承认品牌现有的不足。

23

客户说"我担心产品的质量"

【情境分析】

经过初次拜访介绍后，客户想要了解真实、客观的产品质量信息。销售员应秉持诚信原则，进行讲述分析。

【客户提问】

客户："你们产品的质量到底怎么样？"

【普通回答】

销售员："您放心吧，产品质量很好，我们是大企业。"

【高情商回答】

销售员："我们有严格的产品质量检验标准，主要是性能、安全、可靠性这些方面，必须符合国家标准才能出厂。我可以帮您申请一下试用样品，您可以亲自感受一下产品的质量。"

【技巧提示】

1. 切忌使用"很好""很靠谱"等词语。类似表达方式欠缺精准性，无法消除客户的疑惑。

2. 用专业的语言来描述产品质量的可靠，确保客户一次性获取想要知道的信息。

客户说"我的个人信息不能留给你"

【情境分析】

客户还没有意识到自身需求的紧迫性，因此不愿将个人信息透露给你。此时销售员应解决的问题是发掘需求。

【客户提问】

客户："为什么要登记个人信息？"

【普通回答】

销售员："为什么不可以呢？您不相信我吗？"

【高情商回答】

销售员："我理解您的想法，个人隐私确实要保护。没关系，无论您是否购买产品，我都愿意长期向您提供服务。咱们交流了这么长时间，您对我有没有什么建议呢？"

【技巧提示】

1. 不要去猜测或者质问客户拒绝登记的原因。

2. 设法让客户以提建议的方式说明拒绝原因，获取反馈信息，找到下一个突破口。

客户说"我没考虑过预算"

【情境分析】

经过初次拜访，客户决定说出自己拒绝的实情。销售员可以为客户提供中肯建议，帮助其改变主意。

【客户提问】

客户："你们的产品价位是多少？我没考虑过向上级申请这方面的预算。"

【普通回答】

销售员："您真的应该考虑考虑，这很值得。"

【高情商回答】

销售员："太遗憾了。我认为如果有了这件产品，它能对您管理的部门产生如下好处……（详细介绍）。这样一来，领导会感觉您的工作卓有成效，到那时所有人都会认为预算很值得。"

【技巧提示】

1. 直接劝客户新增预算，会导致过度暴露销售意图，让客户感觉自己的利益受到损失。

2. 适当提升思考问题的视角，帮助客户从更长时间、更大利益来考虑。

客户说"我不清楚需要什么样的产品"

【情境分析】

如果客户不清楚自身的需求，就不知道买什么。销售员此时应精心准备，主动帮助客户发掘需求、了解信息。

【客户提问】

客户："你上次介绍得很好，但我自己都不清楚想买什么样的产品。你有什么推荐吗？"

【普通回答】

销售员："其实我觉得每件产品都适合您。"

【高情商回答】

销售员："最近卖得最好的产品是这款，当然另一款也很经典，您想听我先介绍哪一款呢？"

【技巧提示】

1. 不要随便向客户推荐产品，避免让客户感到你太看重利益，根本不看重个人感受。

2. 学会为客户排解困难，帮助他们挑选出重点产品，然后加以比较。

客户说"我看别人也没买"

【情境分析】

许多客户都会有强烈的从众心理，他们并没有意识到自己是独立的。销售员应帮助他们发现自己的个性化需求。

【客户提问】

客户："你说这个产品好，为什么买的人却不多呢？"

【普通回答】

销售员："买不买都在您自己，不用管别人。"

【高情商回答】

销售员："购买其他东西时，您可以参照别人的选择，但购买这种产品不一样。毕竟每个人的身体状况、健康需求、居住环境、家庭情况等都是不同的，选择适合自己的，才是最好的。"

【技巧提示】

1. 要指出产品和需求的特殊性，购买与否要根据个人具体情况而定，不能盲从。

2. 不要将客户与他身边熟悉的人对立起来，这反而会让客户"倒向"另一边。

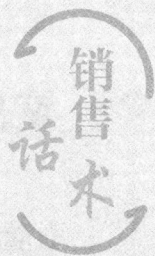

第三章

询问之道：
挖掘客户潜在的需求

客户问"这款产品销量高吗？"

【情境分析】

销量越高的产品，越容易让客户感到放心。而对于销量一般的产品，客户反而会有所顾虑。

【客户提问】

客户："这款产品刚推出不久吧，卖得怎么样，销量高吗？"

【普通回答】

销售员："销量还不错的，您放心吧。"

【高情商回答】

销售员："先生，这款产品刚进入本地市场，销量正在稳步上升中，目前确实不算高。但我相信您不会只是盲目跟风，而是会对产品有深入了解，判断它是否值得购买。您可以听我介绍一下。"

【技巧提示】

1. 如果用含糊其词的语气描述销量，反而会让客户感到怀疑。

2. 向客户坦诚销量的实际情况，再及时将话题转移到产品质量和价值的关系上。

客户问"这功能到底有什么用？"

【情境分析】

销售员在介绍产品时，不能只是靠"说"来介绍功能，而是要通过调动客户的感官，产生显著的刺激效果，激发客户的购买欲望。

【客户提问】

客户："你上次说的搜索排名服务，到底有什么用？"

【普通回答】

销售员："这种服务能让贵公司更容易被正在搜索的客户看见。"

【高情商回答】

销售员："只要贵公司用了我们这个服务，有人一搜索产品关键词，贵公司的名字就会出现在首页置顶，也就是用户最先看到的地方。"

【技巧提示】

1. 要调动客户的多种感觉，并结合产品的特点重点描述其中某一两种。

2. 如果条件合适，可以让客户亲自动手操作和感受。

客户问"竞争对手有没有购买产品？"

【情境分析】

客户对产品的价值存在顾虑，想要通过了解竞争对手的动向来确认。销售员应明确告知客户实际情况，帮助他们提升对产品的信心。

【客户提问】

客户："产品是不错，但我们的竞争对手Y公司有没有购买呢？"

【普通回答】

销售员："Y公司的情况我还不太清楚。"

【高情商回答】

销售员："Y公司是我们的老客户，他们已经购买了这款产品，而且评价也很不错。"

【技巧提示】

1. 根据不同情况，选择对应的话术来解答客户关于竞争对手的问题。

2. 过于笼统的表述只会让客户感到疑惑，反而会降低客户对销售员的信任。

客户问"难道不能换个配件吗？"

【情境分析】

客户对产品整体很满意，但希望降低某个配件成本。这类表述说明客户并未真正了解配件在产品中发挥的作用。

【客户提问】

客户："这个型号的机器是挺好，但配件不能降低一些档次吗？毕竟我们不需要那么精密的配件。"

【普通回答】

销售员："但配件就是必须配套啊。"

【高情商回答】

销售员："×总，购买这款机器的厂家，基本上都是用于加工工艺，现在市场发展很快，您的客户也会经常提出新要求吧？如果不采用这种高精密度的配件，这款机器很快又会落后，那可就得不偿失了。"

【技巧提示】

1. 通过举例和对比，让客户看到不同档次配件之间的价值差异。

2. 如果客户能理解，可以形象化地展示配件的结构、形状、质地，让客户一目了然。

客户问"能介绍得简单点吗？"

【情境分析】

接受过专业培训的销售员，在介绍产品时很可能会使用一些专业术语。然而，很多客户会迷失在"专业"氛围里，并提出疑问。

【客户提问】

客户："你能说简单点吗？我不明白这款冰箱用的是什么技术。"

【普通回答】

销售员："这就是高新环保技术，反正好用。"

【高情商回答】

销售员："您不用管说明书上的这些专业词汇，您只要知道一点：它具有更强大的制冷能力，对您家庭环境的噪声影响更小。"

【技巧提示】

1. 要用生动形象的语言来介绍产品的新功能，避免堆砌专业词汇。

2. 在介绍产品时，要注意观察客户的表情反应，询问客户是否真正了解内容。

客户说"产品的种类太少了"

【情境分析】

客户抱怨产品种类太少了，原因在于未能认识到需求和产品的匹配度。销售员应引导他们的注意力，将其转移到现有的产品上。

【客户提问】

客户："你们现在的产品种类有点少，还有没有别的推荐？"

【普通回答】

销售员："其实这些产品已经覆盖市场上大多数人了。"

【高情商回答】

销售员："无论现有产品种类有多少，先从中找到一款适合您的产品更关键。我可以为您推荐一款产品，它应该符合您的要求。您先看看感觉如何，如果不喜欢咱们再换成别的，好吗？"

【技巧提示】

1. 销售员应对客户的消费习惯加以引导。为此可以先着力强调客户适合某款产品，缩小对方的犹豫范围。

2. 如果客户不太专业，就不要直接询问他们想要什么样的产品。

客户说"产品价格不稳定"

【情境分析】

客户对产品价格波动存在疑惑，他们希望得到合理解释。销售员应让客户了解价格的变动符合市场规律，也并不妨碍客户的切身利益。

【客户提问】

客户："我有点不放心，听说你们的产品报价不太稳定。万一我买了你们立刻降价怎么办呢？"

【普通回答】

销售员："一般不会这样的，您要相信我们，我们是大公司。"

【高情商回答】

销售员："我们的报价不是随便变动的，有时候是因为原材料价格产生波动，我们才提高了报价。等原材料价格下降了，我们自然要降低价格。这都是市场上的正常变动现象，不会对您使用的产品造成任何问题。"

【技巧提示】

1. 针对降价问题进行细化解答，用专业而权威的分析来打消客户的疑虑。

2. 尽量不要推荐客户选择容易降价的产品，这等于证实了客户的担忧。

客户说"产品的后续费用太高了"

【情境分析】

客户并未认识到产品后续费用的意义，也不理解其中的价值。销售员需要向他们说明后续费用的重要性，解决对方提出的异议。

【客户提问】

客户："扫地机器人后期需要不断换配件，是不是很贵？"

【普通回答】

销售员："一点儿也不贵，而且是几个月才换一次。"

【高情商回答】

销售员："买车，也需要买保险、加汽油、做保养，才能正常使用。扫地机器人也是如此，它每天替代人力清扫，工具越齐全，清扫的效果越好。"

【技巧提示】

1. 用现实生活中的事例做比喻，可以让客户形象化地理解后续费用的由来，避免产生误会。

2. 切忌和客户讨论后续费用是否昂贵。

客户说"产品很好，但我用不上"

【情境分析】

客户的需求意识不强，就会觉得不需要产品，坚信自己能应付相应的风险。销售员应耐心转变他们的错误观念。

【客户提问】

客户："我经常锻炼，身体很好。这种按摩椅虽然看起来不错，但我好像用不上？"

【普通回答】

销售员："不少运动员身体也很好，但他们也都买了。"

【高情商回答】

销售员："经常锻炼的人才更适合使用按摩椅。这时身体的骨骼、关节、肌肉都没有老化，用起来才能促进恢复状态，便于后续锻炼。如果身体不好，反而不一定适合按摩了。再说，按摩也类似于被动地锻炼。"

【技巧提示】

1. 找准你的表达逻辑，将客户的"借口"变成购买的理由。

2. 类似客户往往比较固执，不会轻易被说服。销售员可以采取循序渐进的方式，多和客户保持联系，最终传递正确观念。

客户说"我对上次的产品不感兴趣"

【情境分析】

客户对销售员初次拜访时带去的产品不感兴趣。在二次拜访时，销售员要有针对性地介绍产品的详细情况，强化对方购买意识。

【客户提问】

客户："我对你上次介绍的产品没兴趣，还有其他产品吗？"

【普通回答】

销售员："您再了解了解，一定会有兴趣的。"

【高情商回答】

销售员："我很理解您的感受。面对陌生产品，谁会马上就有兴趣呢？但是我相信，您一定会对满足自己需求有兴趣的。请让我来介绍一下。"

【技巧提示】

1. 客户对产品不感兴趣，却不会忘记自己有某种需求。销售员应该将话说到对方的心里。

2. 适当寻找新的切入点，将产品最好的价值展现给客户。

客户说"我想看看更省钱的产品"

【情境分析】

当客户属于价格敏感人群时，经常会提出更省钱的要求。销售员应让客户意识到，产品真正的价值并非"省钱"。

【客户提问】

客户："你们还有更省钱的产品吗？"

【普通回答】

销售员："这个已经很便宜了。"

【高情商回答】

销售员："先生，您很有经济头脑。不过，我觉得这款产品最主要的功能是为家人提供更贴心的生活服务。而省钱只是附加的福利。买产品肯定是要花钱的，主要看钱花得值不值得，您觉得我说得有没有道理？"

【技巧提示】

1. 委婉地纠正客户的偏见，告知产品的主要用途，耐心描述产品的使用场景。

2. 当客户了解清楚产品的主要用途后，适当向对方宣传现有产品的高性价比，满足其省钱需求。

客户说"我想要××品牌那样的产品"

【情境分析】

客户想买某款产品但店里没有。销售员应结合实际情况，迅速向客户介绍最匹配的产品。

【客户提问】

客户："我想要今年××时装展上的那款风衣（展示手机内的照片），你们有吗？"

【普通回答】

销售员："风衣我们有很多种，您想要的是哪种呢？"

【高情商回答】

销售员："女士，您的眼光真好，这款风衣最近太受欢迎了。真不好意思，我们昨天刚卖完。不过没关系，我们还有类似的款式，您来看看吧！"

【技巧提示】

1. 如果有产品，就不要再继续追问客户的需求，而是直接引导展示。

2. 如果没有产品，要及时道歉并缓解客户失望的情绪，为他们提供解决方案。

客户说"我不喜欢跟风购买新产品"

【情境分析】

客户明确表示不喜欢市场上的主流产品，销售员就要积极了解和分析其不喜欢的原因，并在此基础上积极采取对应策略。

【客户提问】

客户："现在大家都喜欢购买这款产品，我就觉得不好。你们有没有老款产品呢？"

【普通回答】

销售员："老款的已经被淘汰了。"

【高情商回答】

销售员："老款产品是有不少优点，您觉得哪一种优点是最重要的呢？我可以帮您推荐一下。"

【技巧提示】

1. 切记不了解原因就否定客户的看法，继续推荐其他新产品很容易让客户反感。

2. 主动对客户的感受问题进行分析，掌握其最紧迫的需求。

客户说"做销售的都很会自卖自夸"

【情境分析】

任何产品都会存在不足。客户并不会因此就必然放弃购买，但如果他们发现你在隐瞒缺点，就很可能对你失去信任。

【客户提问】

客户："你们做销售的都很会说，难道这款化妆品就没任何问题吗？"

【普通回答】

销售员："它肯定也有缺点，但是比其他产品好多了。"

【高情商回答】

销售员："女士，使用两天就立刻变白的化妆品，相信也没多少人敢用。我们的产品见效慢确实是缺点，但也是潜移默化地对您的肤质进行改善，用起来也更加安全放心。"

【技巧提示】

1. 将产品的某些"缺点"进行概念转移，变成主要卖点来进行宣传。

2. 如果产品存在明显副作用（例如甜点很好吃但含糖量高），就不要再进行无意义的解释，而是直接告诉对方。

客户说"我不想要样品"

【情境分析】

客户不想要样品，是销售员经常碰到的情形。如果仓库没有产品，只剩下样品，销售员应利用语言引导来消除客户的负面心理作用。

【客户提问】

客户："我不想要这个样品，能给我拿一些其他的吗？"

【普通回答】

销售员："都是一样的，样品也有很好的保障。"

【高情商回答】

销售员："这款产品太好卖了，现在只剩下这台样机，这还是前两天从仓库拿出来上架的。如果您愿意等，可以等一段时间上游放货给我们，到时候我会通知您，但那时的价格可能又和现在不一样了。"

【技巧提示】

1. 客户不喜欢样品，销售员应表示对其理解，而不是否定。

2. 给客户一定的选择权，但也要告知他们价格、时间上的风险，让他们自行权衡。

客户说"我想换个风格"

【情境分析】

客户想要改变原有消费倾向，这为销售提供了良好契机。销售员应充分利用类似机会，为客户提出建议。

【客户提问】

客户："我最近想把家里的墙纸换掉，现在的墙纸看着太老气，你有什么建议吗？"

【普通回答】

销售员："您喜欢什么颜色的墙纸呢？"

【高情商回答】

销售员："很高兴您能想到我。请问您家里现在的装饰以什么风格为主呢？最好能让我看一下照片，然后再为您推荐一款新墙纸，让整体风格能变得更时尚。"

【技巧提示】

1. 不要过多具体询问客户想换什么样的墙纸，对方很可能想听你的建议。

2. 可以了解客户不喜欢现有产品的哪方面，然后从反方向推荐产品。

客户说"不知道怎么搭配你的产品"

【情境分析】

不必和客户一起纠结如何"搭配",而是要帮助客户看到购买产品能带来的变化,然后再提供新思路供其选择。

【客户提问】

客户:"穿这种牛仔裤是很好看,但是搭配什么鞋子呢?"

【普通回答】

销售员:"试试这双皮鞋吧,穿起来一定很好看。"

【高情商回答】

销售员:"穿上牛仔裤,看着好时尚啊!这条裤子虽然看起来很运动风,但是也可以和休闲皮鞋搭配。要不您试试吧。"

【技巧提示】

1. 客户不知道怎么搭配时,销售员必须先消除客户的疑虑。

2. 给客户搭配建议时,要尊重客户的选择,不要给客户推销太多的产品。

客户说"我想要具有新功能的产品"

【情境分析】

客户认为眼前的产品无法提供其想要的功能，因此倾向于结束沟通。销售员应尽量延长沟通时间，帮助他们明确需求或者找到产品。

【客户提问】

客户："你们有没有具有云同步功能的打印机呢？"

【普通回答】

销售员："我们的普通产品也有很多新功能。"

【高情商回答】

销售员："真对不起，我没能找到具有云同步功能的打印机。为了改进我们的服务质量，想要再多问您两句，您日常办公总是会用到这种功能吗？还是另有他用呢？"

【技巧提示】

1. 客户想要的新功能可能闻所未闻，但你还是要用良好态度来换取他们的好感，让话题朝更为深入的方向发展，争取得到有效信息扭转局势。

2. 引导客户了解相似功能，激发他们的体验兴趣，让他们在潜移默化中接受其他产品。

客户说"我没看到新款产品"

【情境分析】

销售员的第一次拜访取得了成功，再次拜访时，老客户表达了对新款产品的要求。销售员应提供新产品信息或者新服务内容。

【客户提问】

客户："为什么这次提供的产品和之前的差不多？"

【普通回答】

销售员："那您想要看什么样的产品呢？"

【高情商回答】

销售员："真对不起，我们的新产品昨天刚到，还没带过来。这批新产品里应该有您喜欢的款式，我下次会为您详细介绍。"

【技巧提示】

1. 不要直接询问顾客想要什么，这很可能会导致他放弃沟通。

2. 主动向客户说明未能带来新产品的原因，再进一步根据客户之前的喜好，向他们承诺。

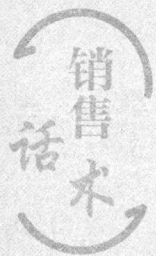

第四章

销售策略：
用价值激发购买欲望

客户问"你真的确定吗?"

【情境分析】

当客户对产品的某一特性感兴趣时,会进一步确认信息的真实性。

【客户提问】

客户:"你说这款家具曾经拿过设计界的重要奖项,你确定吗?"

【普通回答】

销售员:"是的,确实是我们公司优秀设计师的作品。"

【高情商回答】

销售员:"对,我印象非常深刻。我马上让同事把当时领奖的照片、获奖名单发过来,您稍等。"

【技巧提示】

1. 客户可能并不是在查找信息来源,而是想要看到销售员的态度。

2. 如果能提供文字、图片、新闻报道等材料,会让客户对你更加信任。

客户问"你们刚代理这款产品吗？"

【情境分析】

客户在意你或者企业从事产品生产、销售、服务的年限，这说明他们更看重经验。

【客户提问】

客户："这款产品是你们公司今年刚代理的吗？以前都没见过。"

【普通回答】

销售员："是的，代理权是我们刚拿到的。"

【高情商回答】

销售员："先生，我们刚拿到代理权。但在拿到代理权之前，我们董事长带领高管专门去生产厂家考察了半个月，而且还到其他省的代理商那里进行了学习，前前后后准备了半年，充分了解产品后才决定销售的。"

【技巧提示】

1. 承认客户指出的事实而不做任何解释，会让客户更确信自己的猜测。

2. 要让客户看到你公司的提前周密准备，改变固有的负面印象。

客户说"产品不实用"

【情境分析】

客户对产品的品牌、价值都较为满意，但出于降低价格的愿望，或者确实未能周全设想到使用情境，导致抱怨产品不实用。

【客户提问】

客户："你们的保健酒用来送人确实很不错，但是自己用，我觉得还是不太实用？"

【普通回答】

销售员："这种保健酒的风味很独特，一些人会将它作为身份的象征。"

【高情商回答】

销售员："先生，不同的产品有不同的优势，也有各自的定位。虽然很多人不会选择将保健酒作为日常饮品，但就算自己在家，也可以少喝点，既不会喝醉，又具有一定的保健功效。我跟您详细介绍一下吧。"

【技巧提示】

1. 如果只是顺着客户的意思说，就等于否定客户的消费能力。

2. 客户越是未能考虑到的情境，越要向他描述清楚。例如，正因为酒的品质好，日常喝反而会喝得少。

客户说"购买产品是用于送礼的"

【情境分析】

客户强调自己购买产品的送礼用途，实际上是希望销售员能帮他挑选出具有对应价值的产品。

【客户提问】

客户："这些产品中，哪一款适合送人呢？"

【普通回答】

销售员："这款产品包装最好看，送人特别合适。"

【高情商回答】

销售员："先生，您买这款产品是希望送给谁的，您知不知道他的类似消费习惯呢？"

【技巧提示】

1. 客户需要你引导，而不是让你做主。例如，客户要送礼的对象并不一定注重包装，这只是销售员自己的想法。

2. 了解客户送礼对象的喜好或者习惯，再结合这些特点对产品重新加以描述。

客户说"这款产品网上也有"

【情境分析】

客户进行线上线下的比较，说明他已经对产品价值产生了兴趣。

【客户提问】

客户："你们这款产品不能便宜点吗？网上有一模一样的，而且还便宜。"

【普通回答】

销售员："网上的产品您看不见、摸不着，产品的真实性存在一定风险。"

【高情商回答】

销售员："您说的这家网店我不清楚，毕竟我没用过他们的产品。但如果您选择我们，买到的不仅是正品品质，还有一系列的售后服务。不管您在使用过程中产生什么问题，都能来店里由我们提供服务。"

【技巧提示】

1. 不要将网络渠道和实体渠道对立起来，也不要贬低任何一方。

2. 强调自身具有网络渠道没有的优势，以此促使客户做出决定。

客户说"你们的配件少"

【情境分析】

客户对电动自行车配件数量表示不满意，但这也反映了客户对市场行情不太了解的特点。

【客户提问】

客户："你们这款电动自行车怎么只配四节电池呢？"

【普通回答】

销售员："现在国家标准只允许配四节电池，厂家也是按规定做的。"

【高情商回答】

销售员："先生，我们这款产品是大品牌厂家按照标准配送的。有些车配的电池可能会多一块，但电池的质量可能存在一定的风险。就算您愿意要，我们也不放心送。"

【技巧提示】

1. 利用安全、标准、法律等因素，强化客户对配件数量的认知。

2. 从利益角度分析配件多少的区别，更能说服客户。

客户说"国产工艺有待提高"

【情境分析】

客户担心产品生产工艺的可靠性,"国产"与否只是他们为自己找的借口。

【客户提问】

客户:"你这是国产工艺,靠谱吗?"

【普通回答】

销售员:"国产的也有很多好东西。"

【高情商回答】

销售员:"先生,十几年前这种产品刚进入中国,那时我们还没有自己的生产线。经过市场需求的积淀,现在国内和国际的生产工艺已经是同一个标准了,我们生产的产品出口到了多个国家。您看,这是新闻报道……"

【技巧提示】

1. 不要落入客户的逻辑"圈套","国产"和"质量"并没有直接关系。

2. 用独立、客观的第三方材料来回答客户。

客户说"我之前和你们合作不太好"

【情境分析】

客户心存不满，销售员应设法加以平息，再为客户重塑产品价值。

【客户提问】

客户："是××公司啊，我们之前跟你们合作过，那次合作结果并不是很好，你们怎么又联系了？"

【普通回答】

销售员："过去是过去，现在已经换人了。"

【高情商回答】

销售员："×总，那次的情况，我也听说了，确实让您受损失了。您现在还生气，我也理解。不过我想解释一下，我们公司有相应的制度，很可能是当时的销售员没有向上面反映这种情况。"

【技巧提示】

1. 站在客户的角度，表示你的理解。

2. 等客户认同你的立场后，再解释其中可能存在的误会，强化销售的角色作用。

客户说"你的介绍材料没有准备齐全"

【情境分析】

由于介绍材料准备不齐全，客户对销售员的工作能力产生怀疑，或对企业的管理水平产生不信任。

【客户提问】

客户："我想看的材料没找到，是不是你们没有准备齐全啊？"

【普通回答】

销售员："×总，我都带来了。"

【高情商回答】

销售员："有几份资质文件已经拿去重新申请了，所以有所欠缺。还有您想要的那份检测报告，我准备和对应的样品一起送过来，这样您也方便全面评估。您放心，我很快就会把剩下的材料整理好送过来。"

【技巧提示】

1. 不要找借口，而是陈述事实，争取获得谅解。

2. 主动对客户提出的问题进行弥补，降低其不满感。

客户说"等你收了钱就不这样说了"

【情境分析】

客户已产生了消费愿望，并想到后续问题。

【客户提问】

客户："你现在说得都挺好的，但等你收了钱，我找不到你了怎么办？"

【普通回答】

销售员："不会的，我肯定会做好后续服务。"

【高情商回答】

销售员："您看，我们公司投入这么大，就是为了品牌形象和市场营销。我有五六十位老客户，有什么问题我都是随叫随到。而且就算过几年我调走了，也会和新同事交接好，确保大家享受同样的服务。"

【技巧提示】

1. 积极换位思考，化解客户的担忧。

2. 向客户说明后续服务对企业、品牌的重要性，并列举服务机制，而不是开"空头支票"。

客户用竞争对手的产品压制你

【情境分析】

当客户开始称赞竞争对手的产品时，反而说明销售成功的概率在增大。他们想通过这种方法来压制你，保证进一步谈判时具有优势。

【客户提问】

客户："你听说了吗？另外那家厂的产品刚刚中了一个很大的工程标，当地政府非常认可他们。"

【普通回答】

销售员："他们做得再好，也比不过我们在这行做得久、质量好。"

【高情商回答】

销售员："多做比较是应该的，俗话说货比三家嘛。同行能取得成绩，说明他们不差，但我们取得的成绩也很好，我这里有一些关于我厂产品的详细介绍，里面包含了最新获得的各种奖项。咱们一块儿来比较一下好吗？"

【技巧提示】

1. 客户既然提到竞争对手，销售员不妨正面"应战"，客观地帮助对方看到产品、价格、服务等方面的优势。

2. 要扮演客户的购买顾问角色，而不能总是扮演公司的忠诚员工。

客户试用产品时发生故障

【情境分析】

销售现场产品发生故障是小概率事件。销售员要懂得处变不惊，保持应有的敏感性和灵活性来解决问题，平复客户的心情。

【客户提问】

客户："这部手机怎么自动关机了啊？"

【普通回答】

销售员："我来看看，大概是电量不足吧。"（明明已经充满电了）

【高情商回答】

销售员："先生，这台只是用于展示的样机，有自动关闭功能。我去拿一台新机您再试试。"

【技巧提示】

1. 不要用撒谎式的借口来糊弄客户，客户一眼就会看穿，并产生新的疑虑。

2. 让客户认识到产品发生故障只是小概率事件，通过更换样品即可顺利解决。

客户要求按某个标准来定制

【情境分析】

客户可能是在试探你的能力，也可能只是为他研究采购策略寻找市场参考。

【客户提问】

客户："你好，你能不能按照这个标准帮我定制生产一件样品？如果生产的样品符合要求，我一定跟你合作。"

【普通回答】

销售员："如果按照标准定制产品，必须先交定金，再由高级管理职位批准。"

【高情商回答】

销售员："这款样品我们是能定制生产的。不过现在行业内定制产品，都需要先交一部分费用。您如果确定，就把产品标注给我，我来和厂家联系，了解产品的定制周期、定制费用后，再向领导申请试生产。"

【技巧提示】

1. 即便陈述事实，也不能直接开口要求客户支付定金，避免引起客户反感。

2. 要求客户告知产品标准信息，再引出定金要求，反过来了解客户的诚意。

客户要求价格不变提升性能

【情境分析】

客户想在原有价格的前提下提升产品性能，说明他们对产品的价值有所认可。

【客户提问】

客户："这样吧，价格不变，你给我把××部件换一下，我马上就能签单。你看可以吗？"

【普通回答】

销售员："对不起，我们都是统一生产的，我也没权利要求更改。"

【高情商回答】

销售员："您这么说肯定是懂行的，那我也直说了，这个价格真不贵。如果再更换高级零件，那我们就没办法做了，而且厂家那边也得考虑成本。"

【技巧提示】

1. 不要以生产能力不足来拒绝客户，这会导致对方错误认识产品的价值。

2. 可以在强调成本的基础上，突出产品确实物有所值。

客户想买低配版的产品

【情境分析】

客户对低配版产品有更高信任度，怀疑高档产品的价值。

【客户提问】

客户："那种机械式的微波炉怎么没了？那种设定时间的按钮用起来才顺手。"

【普通回答】

销售员："那个用起来其实很麻烦，现在没人买了。"

【高情商回答】

销售员："机械按钮用起来确实很顺手，但它没有显示屏，也没有快捷键，所以无法根据加热的菜肴种类实现一键设定。现在的产品都能一键操作，习惯了会更加方便。另外，机械按钮的寿命也相对较短。"

【技巧提示】

1. 不要用下结论的方式来评价客户的喜好。

2. 承认低配版产品的合理性，但随后要列举更多高档产品的优势。

客户认为产品外形不够时尚

【情境分析】

客户认为产品外形不够时尚，没有了解产品的真正特点。

【客户提问】

客户："这款产品的外形看起来不够时尚，怎么现在还有这种产品啊？"

【普通回答】

销售员："它刚推出的时候是很畅销的，现在市场还是很大，而且性价比还很高。"

【高情商回答】

销售员："先生，它看上去确实不那么时尚，但是它的设计非常经典，而且经过了广大消费者的检验。它的投诉率、维修率都是相对较低的，它的表现非常稳定，不然也不会卖到现在。"

【技巧提示】

1. 强调产品刚推出时的风光程度，等于盲目认可客户的看法。

2. 将客户的注意力吸引到对产品可靠性的评价上，能得出更有利的结论。

客户认可但身边的人不认可

【情境分析】

分析主要客户的购买意愿，正确判断客户之间的关系，才能杜绝客户被影响而拒绝购买的可能。

【客户提问】

客户："你觉得呢？"

陪同者："我觉得不划算，别买了。"

【普通回答】

销售员："很划算的，现在已经是打折价了。"

【高情商回答】

销售员（对陪同者）："您对消费很理性，我每次购物要有您这样的朋友出主意就好了。您觉得这款产品为什么不划算呢？我们可以一块儿帮您朋友选选。"

【技巧提示】

1. 如果判断不清，可以先用"朋友"来描述客户和陪同者的关系。

2. 如果发现客户受到了影响，应该重点向陪同者展示产品的价值。

客户怀疑他人推荐的真实性

【情境分析】

推荐者对客户的说服力一般，客户希望了解真实情况。

【客户提问】

客户："上次×总推荐了你们，你们是什么关系，他这么了解你们？"

【普通回答】

销售员："×总和我们领导是好朋友。"

【高情商回答】

销售员："×总一直在使用我们的产品，他自己感觉很不错、很有特色，所以把您也介绍过来了。他说您和我这边的业务非常对口，让我一定要做好服务。"

【技巧提示】

1. 不要只是介绍双方的关系，否则会让客户觉得你和推荐人也不熟。

2. 将产品作为联系客户、推荐人和销售员的核心因素，便于开展深入的沟通。

客户只想让你演示产品

【情境分析】

客户只想让销售员演示产品，自己却不动手，这说明客户对演示产品不感兴趣。

【客户提问】

客户："你体验感如何？我就是看看。"

【普通回答】

销售员："看的体验感不强，您坐在这个按摩椅上试试吧。"

【高情商回答】

销售员："您看，其实我也经常开车，有时还要操作电脑做台账，腰酸背痛脖子疼都是难免的。以前我都要出去按摩，现在我这样躺上去，您看，这个按摩椅会模拟节律波动，对我身体的酸痛点进行适当按摩刺激。"

【技巧提示】

1. 销售员的操作演示能直观体现产品用途，同样可以有效刺激客户的购买欲。

2. 不要劝说客户体验，而是用语言描述自己操作的感受，去激发客户的好奇心。

客户受替代品影响而犹豫

【情境分析】

很多产品都有替代品，客户虽然对你的产品很满意，但受替代品影响而犹豫不决。

【客户提问】

客户："你介绍的这款新产品是不错，但××牌咖啡的效果是不是比你介绍的这款产品更好？"

【普通回答】

销售员："我们跟它们不一样，它们只是一种饮品。"

【高情商回答】

销售员："我忘了说，我们对您这样的老客户非常重视。昨天我刚申请的，店里同意我把一盒××产品赠送给您，这款产品就是对标您说的××牌咖啡研发的，您可以试试看。如果效果好，以后两款产品一起用。"

【技巧提示】

1. 尽管销售员说了事实，但客户仍会对替代品抱有好奇心。

2. 客户提到的替代品并不差，销售员要从情感角度说服他们。

客户要带专业人士来看看

【情境分析】

客户认为请来专业人士，可以帮助检验产品质量或降低价格，避免信息单一化。

【客户提问】

客户："我有个朋友也是做这行的，明天我约他一块儿看看产品，怎么样？"

【普通回答】

销售员："好啊，没问题，欢迎。"

【高情商回答】

销售员："原来您朋友也是做这行的，那我们应该都是熟人了。您可以先问问他，我报的是不是最低价，如果他有更低的价格，请千万记得告诉我！"

【技巧提示】

1. 不疾不徐地向客户陈述观点，让客户相信你经得起考验。

2. 无须过多打听客户朋友的背景。

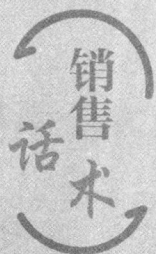

第五章

言语攻心:
在价格讨论中占得先机

客户问"你为什么比同行卖得贵？"

【情境分析】

客户不清楚你的产品有什么特别价值，试图进一步压低价格。

【客户提问】

客户："××品牌和你们的产品一样，为什么比你们的报价更便宜呢？"

【普通回答】

销售员："那您为什么不去他们那里看样品呢？"

【高情商回答】

销售员："××品牌您应该也了解过，他们的产品是有特色，但毕竟是个新品牌，原材料和我们的不一样。我们的产品选用了进口材料，成本自然会高些。如果您之前没有仔细对比，您可以过来感受一下。"

【技巧提示】

1. 要说出品牌背后的价值差异，而不是盲目下定论。
2. 设法让客户感到好奇而愿意亲自体验。

客户问"多买有什么优惠吗？"

【情境分析】

客户已经看中多个产品，提出令销售员心动的条件，是为了最大化地获取折扣利益。

【客户提问】

客户："我要是一次买两辆这样的车，你们店有优惠吗？"

【普通回答】

销售员："买两辆也没有达到我们打折优惠的条件。"

【高情商回答】

销售员："我们的车价是在充分考虑市场和成本等因素后制定的，很难再给您优惠了。但我可以向您保证，我们会为您提供优质的服务和售后保障。另外，我个人做主，再送您两套礼包，您看怎么样？"

【技巧提示】

1. 强调产品对客户的意义，再施加小的优惠。这样能坚持价格原则，也满足了客户的虚荣心。

2. 要用诚恳的态度让客户看到销售员已经努力地为他们争取了折扣。

客户问"价格这么低，质量会不会没保证？"

【情境分析】

客户心理处于矛盾状态：一方面希望价格降低，但另一方面又对产品质量有所怀疑。

【客户提问】

客户："价格我是能接受了，但产品质量能保证吗？"

【普通回答】

销售员："放心吧，这次降价是个很好的机会！"

【高情商回答】

销售员："我理解您的担心。我们这批货是自己委托厂家生产的，产品没有多少渠道费用，几乎就是出厂价，因此价格才比较低。而且在生产过程中，我们也严格把关，确保产品质量。"

【技巧提示】

1.客户希望了解真实情况，销售员不必夸大低价的好处。

2.应介绍生产、检验是如何确保产品质量的。

客户问"我是老客户介绍的，有优惠吗？"

【情境分析】

客户认为是老客户介绍的就会得到优惠。

【客户提问】

客户："我是你们的老客户介绍来的，有优惠吗？"

【普通回答】

销售员："不好意思，谁介绍的都是这个价格。"

【高情商回答】

销售员："原来您是××的朋友啊，今后大家都是朋友了。××了解我们，从来不乱报价。不过，既然您是××介绍来的，我再多送您几个赠品，您觉得怎么样？"

【技巧提示】

1. 在坚持价格的基础上，满足对方的虚荣心。

2. 设法让老客户证明自己报价的习惯。

客户问"都是老客户了还不能优惠吗？"

【情境分析】

客户很想用自己的老客户身份获得价格优惠。

【客户提问】

客户："我是你们的老客户了，在你们这里买过很多产品，你为什么不能再给我些优惠呢？"

【普通回答】

销售员："抱歉，我们公司规定了统一价格。"

【高情商回答】

销售员："先生，感谢您对我们品牌的信任。您既然是老客户，我们一定会给您提供最优质的服务和最优惠的价格。请问您之前是在我们公司哪位销售员那里购买的产品呢？这样便于我们登记并赠送礼品。"

【技巧提示】

1. 不要将无法降价的责任转嫁给企业，这样容易让客户觉得你和企业都不近人情。

2. 要求客户表露消费历史，核实其老客户身份，暗示其只有礼品赠送。

客户问"××拿货的价格为什么比我低？"

【情境分析】

客户出于攀比心理，将自己购买产品的价格和他人比较，其根源是对销售员的不信任。

【客户提问】

客户："我朋友也是做这行的，他上次来拿货，为什么价格比我现在低这么多？"

【普通回答】

销售员："他拿货量大。"

【高情商回答】

销售员："是这样的，我们的供货商实行阶梯货价。我们目前也只能跟着供货商定价，其原则就是每次拿货数量越多，价格越低。上次您朋友拿得多，所以价格就低。您放心，我们不可能按人定价的。"

【技巧提示】

1. 让客户安心，才能避免误会的延伸和发酵。

2. 在不泄露价格秘密的前提下，让客户了解你们的定价机制。

客户说"这个价格超出我的预算了"

【情境分析】

当客户如此表述时，很可能是产品价格确实超出其预期的支付能力。

【客户提问】

客户："这个产品是不错，但是价格让我无力承受，真的不能便宜了吗？"

【普通回答】

销售员："您想要花多少钱买下这个产品呢？"

【高情商回答】

销售员："我很理解您的心情，不过这个产品的确很适合您，您刚才试用的感受也不错吧。我冒昧地问一句：您的预算大概是多少呢？我们这里还有另一件和它性能类似的产品，我给您介绍一下吧。"

【技巧提示】

1. 不要立刻表露出可以降价的姿态，否则客户会对你刚才的报价产生怀疑，进而失去信任。

2. 让客户感受到你的理解和支持，然后抓住机会推荐符合其预算的产品。

客户说"我想再考虑考虑价格"

【情境分析】

客户想要寻找借口，表达对价格的抗拒，或者掩饰自己准备购买的心理。也有少部分客户确实在犹豫。

【客户提问】

客户："能让我再考虑考虑吗？"

【普通回答】

销售员："不用考虑了，这款产品性价比很高，您相信我没有错。"

【高情商回答】

销售员："您都说考虑考虑了，其实也是有兴趣吧？您考虑的主要是产品本身，还是价格高低呢？如果是产品本身问题，我可以再给您演示一遍，如果是价格问题，我可以再送您一件赠品，这已经是最大的优惠了。"

【技巧提示】

1. 不要过度遵从客户的意愿，放任其考虑等于赶走了他们。

2. 先帮助客户排除借口，他们就可能会说出真实原因。

客户说"你直接给我最低价"

【情境分析】

客户认为你一定有更低的价格。

【客户提问】

客户："给我个最低价，能爽快点吗？"

【普通回答】

销售员："无论对谁，这已经是最低价了。"

【高情商回答】

销售员："您看一下我们的销售记录，就算之前的老客户来了也是这个价格。而且您现在购买，我们立即就能发货，否则后面还要等货。我还可以送您一些赠品……"

【技巧提示】

1. 用销售记录等实物证明是最低价。

2. 适当制造紧迫感，让客户产生担心。

客户说"按优惠价给我算吧"

【情境分析】

客户曾关注过产品的优惠价，但涨价速度超过其预期，客户感觉后悔。

【客户提问】

客户："什么？优惠期结束了？那还是按上次我问的价格给我吧，反正你们也能赚到钱。"

【普通回答】

销售员："优惠期结束了，只能按照现在的价格销售了，这是公司定的。"

【高情商回答】

销售员："如果可以的话，我当然愿意这样卖。您买到了好东西，我也有了业绩。但毕竟那是刚开始的优惠价，现在已经过了期限，不能随便打折，否则会遭同行非议的。"

【技巧提示】

1. 用"同行看法""合同约束""政策限制"等客观因素拒绝客户，说明无法再按优惠价销售。

2. 举出实例，证明优惠期对所有人都结束了。

客户说"还是二手产品价格便宜"

【情境分析】

客户未能认识到购买二手产品的风险，只看到其低价优势。

【客户提问】

客户："上次我看到这款车的二手产品，还很新，价格便宜了一半。是不是很不错呢？"

【普通回答】

销售员："谁会喜欢开二手车啊？"

【高情商回答】

销售员："先生，购买二手车是有一定风险的。二手车尽管外表看起来新，但底盘、发动机、电气设备的性能都不好说。咱们买车，既要价格便宜，也要图个安心。您说是吗？"

【技巧提示】

1. 不要直接贬低二手产品，而是客观评价它和新产品之间的差异。

2. 帮助客户认识到价格对应的不只是产品本身的价值。

客户说"等你们做活动了我再来"

【情境分析】

客户虽然看中了产品，但又期待降价，产生了"既要……又要"的矛盾心理。

【客户提问】

客户："马上年底了，你们肯定会做活动。这样吧，到时候我再联系你，怎么样？"

【普通回答】

销售员："也行……到时候您记得找我。"

【高情商回答】

销售员："先生，做活动主要是为了增加流量，会拿一些普通产品进行降价促销。但是您看中的这款产品，到时候不仅不会降价，可能还会涨价。您不如早买早享受，而且现在买还有优惠呢！"

【技巧提示】

1. 商品价格高低更多在于客户的主观感受，要能说服客户，营造出"现在买也适合"的心理感受。

2. 学会打消客户对未来降价的不确定性想法。

客户说"你再赠送一些服务"

【情境分析】

客户只是表面上接受价格，实际上依然在寻求心理平衡。

【客户提问】

客户："这个价格我同意了，但你们能提供延长一年质保服务吗？"

【普通回答】

销售员："我们没遇到过这种要求，领导大概是不会同意的。"

【高情商回答】

销售员："您是不是对这款产品的质量不放心，要不我再推荐两款您试试？质量确实很重要。"

【技巧提示】

1. 采用转移话题的方式，让客户表达真实看法：是真的想购买，还是怀疑产品质量。

2. 如果可能，不妨当着客户的面打电话询问领导是否同意。

客户说"你们的成本又不高"

【情境分析】

由于对产品成本组成缺乏了解，或者纯粹是为了压价，客户以成本不高为由提出价格异议。

【客户提问】

客户："你们这种衣服的料子我知道，根本没什么成本，怎么贴个标签就贵了？"

【普通回答】

销售员："不是的，我们还有比这更贵的呢！"

【高情商回答】

销售员："女士，一件衣服的成本不光来自面料，还有设计、做工、物流、售后服务等。为了尽快到货，我们选择了具有实力的物流供应商。这些都决定了衣服的价格。"

【技巧提示】

1. 不要认为客户是在"大惊小怪"，否则会招来对方更多的反驳。

2. 用通俗易懂的话语解释产品成本的组成，使客户认同产品的价值是超过价格的。

客户说"不想要赠品想换成折扣"

【情境分析】

赠送礼品的原意是满足客户的心理需求，客户提出将其兑现的要求并不合理。

【客户提问】

客户："这些赠品我都用不上，你们帮我换成折扣行吗？"

【普通回答】

销售员："那不行，公司规定了不可以这样做。"

【高情商回答】

销售员："您的心情我能理解，但我们的赠品都是客户购买产品后，公司额外赠送的，只能先购买产品然后再送赠品。如果将赠品换成折扣，连购买产品的合同都打印不出来，更别说送赠品了。"

【技巧提示】

1. 面对客户的不合理要求，不应表露出不满，而是要积极引导。

2. 学会对赠品的价值进行包装，让客户重视赠品。

客户报出离谱的低价

【情境分析】

客户想要试探底线，也可能确实不了解产品的行情。

【客户提问】

客户："为什么这么贵？不如×××元吧（对半砍价）。"

【普通回答】

销售员："卖不了，要么您去别的店看看吧。"

【高情商回答】

销售员："说实话，这个价格大概只能买去掉零件、配件，没有包装，也不提供售后服务的产品。这种价格就是报给厂家，都没有厂家会愿意生产的。"

【技巧提示】

1. 即便客户报出的价格让你很吃惊，也不要让客户感到难堪。

2. 给客户借口下台阶，拒绝他的离谱报价。

客户问完价格就想离开

【情境分析】

客户可能只是想了解和比对价格，也可能是单纯对产品不感兴趣。

【客户提问】

客户："请问这个产品的价格是不是×××元？"（得到回答后准备离开）

【普通回答】

销售员："怎么了，您是觉得贵吗？"

【高情商回答】

销售员："您稍等一下，能帮我个忙吗？因为我刚卖这款产品，很多地方我不太懂，我想请教您关于产品的几个问题，可以吗？"

【技巧提示】

1. 销售员不应片面认为客户嫌价格太贵，应分析更多可能。

2. 应自信地说出价格，随后尽量和客户搭讪，让他们对产品有更多了解。

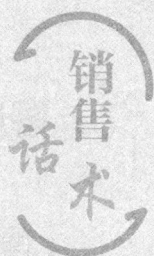

第六章

灵活交流：
打破客户异议的壁垒

客户问"这次为什么没有赠品？"

【情境分析】

客户可能是出于占小便宜心理提问，也可能确实很喜欢赠品。

【客户提问】

客户："我每次充值都有赠品，这次充值为什么没有了呢？"

【普通回答】

销售员："真是不好意思，这次我们的赠品已经送完了。"

【高情商回答】

销售员："真不好意思，这都是我的问题。这次的赠品上午刚刚送完，新的赠品还在寄送的路上，大概明后天到。这样吧，赠品一到，我就给您留一套，然后马上通知您。您看可以吗？"

【技巧提示】

1. 赠品和客户相比只是小事，但千万不要忽视了细节，破坏了客户对你的良好印象。

2. 先向客户道歉，表示问题在自己，然后再说明客观情况，最后给出具体的弥补措施。

客户问"怎么我买后就降价了？"

【情境分析】

客户心理产生落差，或者想要了解是否有返还政策。

【客户提问】

客户："你们不地道啊，怎么我买后就降价了呢？"

【普通回答】

销售员："价格起伏是很正常的，如果涨价了您也不会回来问我。"

【高情商回答】

销售员："感谢您对我们的关注，您的产品用得还好吧？其实今天恰巧是在做活动，您买的那款产品，现在只剩下一些展示时间比较久的样品了，所以特价处理而已，您可千万不要和别人说。"

【技巧提示】

1. 客户对价格波动相当敏感，销售员应尊重并理解其敏感点。

2. 主动承认产品是特价处理，但要告诉客户原因。

客户问"如果使用不佳能否退货?"

【情境分析】

客户对产品价值认识不到位、信心不足,为此想要提前问好能否退货。

【客户提问】

客户:"如果你们的产品我使用效果不好,能退货吗?"

【普通回答】

销售员:"只有出现质量问题,才能退换货。"

【高情商回答】

销售员:"许多老客户最初也有这样的担心,后来经过亲身体验,他们也消除了原来的担心。我这里有产品推出后第一批用户的反馈调查表,我把调查表发您邮箱您看看,您了解一下再做决定。"

【技巧提示】

1. 以专业的资料、丰富的经验来向客户讲解产品,增强客户信心。

2. 及时说明己方的责任,稳定对方的心情。

客户问"难道来一次就得定下来吗？"

【情境分析】

类似情况大多发生在比对价格、了解功能阶段，客户认为产品很重要，有必要多考察几次，但又不清楚考察重点是什么。

【客户提问】

客户："你说得是好，但我总不能来一次就定下来吧？毕竟是一笔不小的开销。"

【普通回答】

销售员："您一看就是成功人士，为什么不行呢？"

【高情商回答】

销售员："您的确可以多比比，但是您刚才已经说得很明确了，您对颜色、空间的要求，我们这款产品都能完全满足，就算您比较再多，恐怕还是会回来买这款产品的。与其到那时，还不如早买早享受。"

【技巧提示】

1. 此时采用恭维客户的方式，往往适得其反。

2. 暗示客户，引用他们自己的话语，使其意识到自己对产品的需求。

客户说"我出来就没准备买东西"

【情境分析】

客户的类似行为，表现出心理上的无端逃避，也说明他们对产品本身并无异议。

【客户提问】

客户："为什么要买东西？我今天出来没打算买东西。"

【普通回答】

销售员："那有什么关系，逛街的乐趣不就是买东西嘛。"

【高情商回答】

销售员："如果这样就太遗憾了，我当然不会老是向您推荐。但就是想告诉您，今天是促销的最后一天了。您买回去也会发现，它非常适合您，您的家人肯定会说好的。"

【技巧提示】

1. 不要自顾自地为客户寻找理由，客户并不会轻易接受。

2. 要从客户切身出发，帮他们排除可能存在的阻力（例如家人）。

客户说"等我比较好再回复你"

【情境分析】

客户对产品质量和价格都没有异议，但还是想要比较产品，其根源在于欠缺安全感。

【客户提问】

客户："我还没有比较好，哪能这么快就定呢？"

【普通回答】

销售员："您不用比较太多的，我们这里肯定是最好的。"

【高情商回答】

销售员："您尽管放心，很多懂行的朋友都选择了我们这款产品。您看，这里是我们本月的提货单，这个月才过了一半，已经有这么多订单了。如果没有比较过，这些老客户不可能回购，您说是吧？"

【技巧提示】

1. 要选择最有代表性和影响力的权威例子，才能说服客户。

2. 适当介绍客户和老客户认识，让老客户帮助你推荐产品。

客户说"产品的功能太多了"

【情境分析】

一般而言，功能多并不会引起客户的反感。抱怨此类问题的，大都是实用主义型客户。

【客户提问】

客户："这个空气净化器的功能太多了，我觉得太复杂了，你觉得呢？"

【普通回答】

销售员："不会啊，产品功能多一点儿才会有备无患。"

【高情商回答】

销售员："先生，这款产品因为设置了不同环境、不同时间段可选择的模式，所以看起来功能多。您家里有三个人，不同的人使用，需求和感受也是不同的，更有必要多具备几种模式。"

【技巧提示】

1. 客户可能对产品的使用情境和个性化需求缺乏概念，销售员应引导他们设想。

2. 少和这类客户谈品位，他们并非虚荣心主导型的消费者。

客户说"产品看上去太小了"

【情境分析】

对产品技术性能缺乏了解的客户，往往对产品外形有所异议，这大都是心理作用。

【客户提问】

客户："为什么这件风衣的纽扣这么小？"

【普通回答】

销售员："现在流行小纽扣。"

【高情商回答】

销售员："我们这款产品是请著名设计师专门设计的，纽扣的比例体现了设计师对现代女性形象的想法。其实纽扣大小并不影响整体形象，您可以试穿体验一下。"

【技巧提示】

1. 要耐心向客户解释产品外形的设计理念，帮助其树立"这些都是合理"的观念。

2. 不要就非标准化议题（例如"大或小""好看或不好看""时髦或不时髦"）和客户频繁讨论、纠缠不清。

客户说"你们的技术部门不太行"

【情境分析】

大部分人都容易受客观影响而形成主观偏见，客户对销售员本人或同事存在偏见也属正常。当然，这也可能是客户刻意找的压价借口。

【客户提问】

客户："我听说你们技术团队里的××之前是做行政的，怎么突然转行做技术了。难道他这么全能？"

【普通回答】

销售员："您是不是听别人说的啊，有些是竞争对手制造的谣言，您可千万别信。"

【高情商回答】

销售员："我们技术团队的××确实很有能力，他学的就是技术专业，来我们公司之前也是做技术的，只是领导看重他的组织和服务能力才让他暂时做了一段时间的行政岗。"

【技巧提示】

1. 不要努力"辟谣"，你"辟谣"成功，只会让客户感觉自己被否定。

2. 补充客户未了解到的信息，也可以尽快结束相关话题，引入新的关注点。

客户说"等领导批准再回复你"

【情境分析】

客户可能确实在等上级授意，也可能只是故作姿态。

【客户提问】

客户："虽然我也着急，但我也做不了主。你们能再等等吗？等我们领导批准再给你们回复。"

【普通回答】

销售员："不会吧，以前不都是您自己定的吗？您肯定是在开玩笑。"

【高情商回答】

销售员："要不这样，您看什么时候方便，我和您一起去找领导，让他亲自了解一下产品。这样既能节省询问的时间，也能让领导知道您确实找到了好的供应商，还能为贵公司省下一笔不小的采购费用。"

【技巧提示】

1. 销售员应表现出对客户的信任，并尝试帮助客户共同说服领导。

2. 适当释放利益，让客户更愿意主动催促领导。

客户说"我有固定的供货商"

【情境分析】

客户与当前供货商合作时间比较长，建立了比较充分的信任关系，不愿意轻易付出更换成本。

【客户提问】

客户："你们为什么不再找找其他的供货商？我们已经有固定供货商了。"

【普通回答】

销售员："那请问是哪一家呢？我不信它真的比我们还好。"

【高情商回答】

销售员："我今天之所以来拜访，并不在于推销，而是想要让您了解我们的存在。如果您将来需要扩大规模，可以选择的范围就会更广一点儿。此外，我们也想进一步了解：您最看重产品的什么因素呢？"

【技巧提示】

1. 不要咄咄逼人地和客户现有的供货商比较，毕竟信任需要逐步积累。

2. 说明来意，再逐步了解客户的需求，从中找到不满意处。

客户假装不喜欢产品

【情境分析】

异议有真有假，客户对产品的态度也同样如此，如果不能识破他们，就会失去更多成交机会。

【客户提问】

客户："你这种培训是为大企业服务的，我感觉不太适合我们中小企业，不知能发挥什么作用？"

【普通回答】

销售员："虽然我们为大企业服务过，但是也很适合您。"

【高情商回答】

销售员："不会吧，我觉得您应该很想提高员工的素质，毕竟您的业务很依赖人力资源。您是不是觉得我们的报价比同行高？"

【技巧提示】

1. 要先问出客户的真实意图，再对症下药。

2. 在谈话时多注意客户的表情和动作，判断他们话语的真实程度。

客户要更改合同细则

【情境分析】

客户认为自己是付费方，占有主动权，也可能认为自己给出的条件很好，因此合作细节必须听他们的。

【客户提问】

客户："合同的第五款、第七款，我们都有些意见，你们愿不愿意配合修改呢？"

【普通回答】

销售员："那您的意见是什么？"

【高情商回答】

销售员："领导已经和我们说过了，您属于我们的优质客户，我们肯定要尽可能满足。您可以先将想法说出来，我们讨论一下，看看能不能找到折中的办法。"

【技巧提示】

1. 在询问客户具体意见时，要强调客户的地位。

2. 围绕细则谈判前，应暗示需要折中处理，即各自让步。

客户设法拖延签单时间

【情境分析】

客户的拖延表明他们并不急于购买产品，并希望以此获得更有利的条件。

【客户提问】

客户："我们公司内部正在走流程，目前没有时间来谈这个订单，能不能过段时间再来？"

【普通回答】

销售员："那您大概什么时候有空呢？"

【高情商回答】

销售员："好的，是这样的，因为这批产品比较抢手，还有几家公司都想要购买。听说，这周××公司的代表也会过来谈判。我是希望尽快敲定您要的数量，避免其他销售员把产品全都卖出去。"

【技巧提示】

1. 客户的拖延很正常，不要因此而失去耐心。

2. 从客户利益出发，委婉告知对方产品可能会被他人捷足先登。

客户被其他人劝阻签单

【情境分析】

相比销售员，客户可能会更信任自己身边的朋友或同事，他们也可能出于关心劝阻签单。

【客户提问】

客户："我将合同带回去，和公司的顾问讨论了一下，他认为合同中存在一些问题，现在不能签单。你看能不能就合同存在的问题进行重新讨论？"

【普通回答】

销售员："为什么要重新讨论？我们给出的合作条件已经很好了。"

【高情商回答】

销售员："合同中哪些部分存在问题呢？我相信专家提出的意见很重要，是否能请他来告诉我们，方便进行调整或改进？"

【技巧提示】

1. 不必质疑客户身边的人。

2. 主动邀请提出意见的人参加谈判和讨论，听取他们的意见，让客户更好地表达内心真实想法。

客户让你评价他现在使用的产品

【情境分析】

客户希望你能评价其现有产品，从而了解你的产品观念和销售经验。

【客户提问】

客户："你看我现在开的这辆车如何？"

【普通回答】

销售员："我感觉开的时间有点长了，需要考虑换辆新的。"

【高情商回答】

销售员："开车来我们这儿出售的客户很多，旧车状态保持良好的不多。您的这款车开了五六年了，但保养得很好，这说明您平时驾驶习惯挺好的。所以，我更觉得您适合开我们这款新推出的高档车。"

【技巧提示】

1. 应该从产品本身状态开始评价，而不是直接评价客户。

2. 要让客户了解你是如何从旧产品联系到新产品的。

客户对你的推销自带反感

【情境分析】

你的推销一开始就让客户反感，此时你已经处于被动状态，必须立即改进，以确保客户的满意度。

【客户提问】

客户："不好意思，我不想买这个抽油烟机。你能别再推销了吗？"

【普通回答】

销售员："您不买也没事，可以听我介绍一下，不会占用您多少时间。"

【高情商回答】

销售员："是啊，现在大家都很忙，最讨厌被占用时间。您大概平时下班回家做饭也匆匆忙忙的吧？"

【技巧提示】

1. 当客户说出"不"之后，销售员不应立即提出新要求。

2. 从最简单、最直接的问题入手，引发客户表达肯定的意愿。

客户换了代表谈合同

【情境分析】

某些情况下，客户想要通过更换代表，达成新的谈判目的。

【客户提问】

客户："你好，我是公司新派来的。之前你和×××是不是谈到产品的标准问题了？"

【普通回答】

销售员："是的，相信您了解过之前的谈判情况了，我们下面谈些具体的内容吧。"

【高情商回答】

销售员："是的，预祝我们谈判成功。那么我们是继续对产品标准进行讨论，还是您这边有公司的新指示？不管有什么想法，都可以告诉我，我也能配合您继续商讨。"

【技巧提示】

1. 要尊重客户更换代表的行为，不要只表现出对本方利益的看重。

2. 应该让新代表来选择谈判开始的议题。

客户私下和你的竞争对手联系

【情境分析】

客户私下和你的竞争对手联系，既可能是由于产品质量不佳，也可能是价格问题。某些时候，也仅是客户想要做出讨价还价的姿态。

【客户提问】

客户："我这边还不能确定，你能再等等吗？"

【普通回答】

销售员："您前几天去×××公司了解价格了吧，他们的价格报了多少？"

【高情商回答】

销售员："做这个产品的在本省只有我们和×××公司。×××公司报价多少我不清楚，但是我们的产品故障率始终比他们低。当然，他们的售后服务速度比我们快，但产品不出问题，为什么要送售后呢？"

【技巧提示】

1. 采取利益引诱的方式，让客户重新感受到产品价值的吸引力。

2. 多陈述客观事实，杜绝客户挑三拣四的想法。

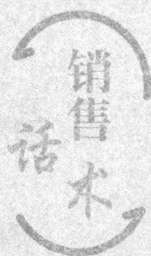

第七章

善用言辞：
闪电签单的沟通技巧

客户问"你们货都没备齐，怎么签单？"

【情境分析】

备货和签单既有关系，也各自独立。客户提出这一问题，显然是想误导销售员，以此提出更多条件。

【客户提问】

客户："你们怎么到现在都还没有备齐货？"

【普通回答】

销售员："我们需要拿到定金才能下订单，不然厂家不同意。"

【高情商回答】

销售员："我们和生产厂家有协议，只要您这边确认了，厂家会优先给我们生产、发货，不需要多长的备货周期。"

【技巧提示】

1. 不能让客户认为你方等着定金，避免客户怀疑你方在上游供应商的话语权。

2. 强调客户表现出诚意后，你方就会迅速发货。

客户说"更换产品周期太长"

【情境分析】

客户已经有购买产品的意向，但更换、安装产品或使用服务的时间较长，可能会影响客户正常工作或生活安排。

【客户提问】

客户："我听说你们的咨询服务流程慢，还要我们提供数据，这会影响我们的工作效率吗？"

【普通回答】

销售员："接受了我们的咨询服务后，您的管理效率会得到提升的。"

【高情商回答】

销售员："市面上也有周期短的咨询，但很多客户发现，企业管理效率只是在咨询期间有明显变化，等咨询团队走了又很快恢复原样。本着对客户负责的精神，我们设定了科学的咨询周期，要确保长期见效。"

【技巧提示】

1. 不要单方面否定客户的担心，而是要说明理由。

2. 积极引导客户用长远眼光看待其对产品或服务的需求，不要计较一时得失。

客户说"我不负责签单"

【情境分析】

客户对签单有所犹豫，不想主动做出承诺，而是想在保留机会的基础上再看看。

【客户提问】

客户："我只负责谈判，签单我暂时不负责，能再等等吗？"

【普通回答】

销售员："我都听说了，您也有权签单，您就别为难我们了。"

【高情商回答】

销售员："明白了，不过虽然您不负责签单，但您在公司这么多年了，肯定知道公司最缺什么吧？能给我们一点提示吗？"

【技巧提示】

1. 客户找借口自有原因，销售员不应揭穿，否则会自讨没趣。

2. 要从客户目前愿意承认的自身角色着手谈话，逐渐找到突破口。

客户说"我们领导想要取消订单"

【情境分析】

在交易款项未能落实之前，客户随时可能改变意向。"领导取消"既可能是事实，也可能是借口。

【客户提问】

客户："不好意思，领导想要取消订单，我该说的都说了。我们能下次再合作吗？"

【普通回答】

销售员："这是咱们说好的事情，怎么能说变就变？"

【高情商回答】

销售员："您看咱们接触了这么久，双方也有些了解，您也帮了我不少忙，能不能再帮我一个忙，约一下领导，哪怕是电话联系，我方便解释一下。"

【技巧提示】

1. 保持良好的心态，不需要惊慌失措。

2. 尽量与客户的领导取得联系，做出具体说明。

客户说"产品调研有问题，还是不签了"

【情境分析】

客户能如此说，大多确实进行了市场调研并认定产品销路不佳，因此缺乏购买的信心。

【客户提问】

客户："我们产品销路没有那么好。我们暂时还是不进货了，下次再说可以吗？"

【普通回答】

销售员："我们的产品质量有保证，只要我们紧密合作，产品销路肯定不错的。"

【高情商回答】

销售员："关于这一点，我们早已有所准备。我们公司早就有一套市场推广方案，可执行性强，已经被很多客户用过了，效果很不错。我建议您和同事先看一下，咱们共同分析效果再做决定怎么样？"

【技巧提示】

1. 不要完全否定客户市场调研的结果，但要指出其未能观察到的可能性。

2. 针对客户的需求定位，提供更高价值的服务。

客户说"你们到货速度太慢了"

【情境分析】

到货速度慢，客户自然会产生担心，并影响其签单的积极性。

【客户提问】

客户："你们的到货速度怎么那么慢呢？"

【普通回答】

销售员："现在物流压力大，我们已经尽力了。"

【高情商回答】

销售员："关于到货速度的问题我很抱歉，现在确实有点慢，但到了下个月就会好转。另外，我们的产品确实有些供不应求，工厂已经在连夜生产了，但是毕竟要排队，好东西总是很抢手，您说是吧？"

【技巧提示】

1. 销售员应主动承担责任，减少客户担忧，积极巩固双方的合作关系。

2. 让客户明白质量和速度之间的矛盾。

客户说"我今天还有事先走了"

【情境分析】

即便客户想要离开时，签单的成功性也依然存在。如果销售员此时选择了放弃，也就放弃了未来的忠实客户。

【客户提问】

客户："我还有事，先走了，我能下次再来看你推荐的这款产品吗？"

【普通回答】

销售员："好的，您走好。"

【高情商回答】

销售员："美女，您可以去其他店看看，如果有比我们这里更低的价格，我可以用低于其20元的价格卖给您，我个人垫付。"

【技巧提示】

1. 在客户离开之前，销售员应搞清楚客户为什么没有签单。

2. 如果客户坚持离开，应对客户即将进行的比较实施"语言拦截"。

客户说"你把付款周期改长我就签"

【情境分析】

客户希望有更长的付款周期，便于其资金周转。类似要求并不算过分，销售员可以适当退让商谈。

【客户提问】

客户："签单前，你看看能不能把付尾款的时间再往后推两个月？"

【普通回答】

销售员："这个我得请示领导，我做不了主。"

【高情商回答】

销售员："明白，那时候正是年底，您资金压力有点大。可是我们公司这边压力也一样大，都不容易。这样吧，您看一个月行不行，行的话我马上就可以让领导同意。"

【技巧提示】

1. 先表示对客户难处的理解，再说本方的难处，以获得客户理解。

2. 适当压低客户的要求，并表示会尽最大努力去争取。

客户说"如果能先用后付我就购买"

【情境分析】

"赊账"是目前大多数企业都不愿接受的条件，客户提出这样的条件，可能只是试探底价，也可能并不是真正想购买。

【客户提问】

客户："这样吧，如果你们能允许赊账，我就签单。怎么样？"

【普通回答】

销售员："我也同意，但是公司规定不同意。"

【高情商回答】

销售员："贵公司现在业务挺火爆的，采购这样一批原材料的经费不是问题。但对于我们公司而言，每件产品发出去就已经付完成本了，如果都赊欠，我们早就破产了。您是不是对我们还有什么不放心的呢？"

【技巧提示】

1. 销售员用公司规定来反驳客户，显得过于正式，也缺乏说服力。

2. 可以陈述企业的困难，引发客户的同情。

客户说"定金应该降低点儿"

【情境分析】

客户主动谈定金，说明其购买意愿比较强烈，但希望在付款方式上占有一定优势。

【客户提问】

客户："你们把定金减至10%，怎么样？我们一定会签。"

【普通回答】

销售员："10%太低了，领导说过不行的。"

【高情商回答】

销售员："×总，一般我们对普通客户都要16%的定金，现在12%的定金已经考虑您是老客户了。如果10%的话，我们要自掏腰包给生产厂家做定金，才能尽快生产出您要的产品，那样我们确实承受不了。"

【技巧提示】

1. 销售员没有经过请示，不要表示领导的拒绝意图。

2. 向客户解释定金并非交给本方，而是用来帮助其向生产厂家确定。

119

客户说"物流费你们承担我就买"

【情境分析】

物流费属于双方谈判过程中可以商量的事项，客户将之拖延到签单前提出，显然是抓住机会获取更多利益。

【客户提问】

客户："签单可以，不过物流费你们承担多少啊？"

【普通回答】

销售员："×总，没有我们必须承担物流费的规矩。"

【高情商回答】

销售员："×总，一单物流费是没有多少，但我们的发单量很大，如果每单都由我们承担物流费，企业的经营成本会增加，产品价格还是会上涨。所以，这次的物流费您能不能担待一下？"

【技巧提示】

1. 表明物流费也会构成产品的成本，最终还是需要客户来承担。

2. 可以做出一定退让，暗示客户以后可能得到物流费的补偿。

客户说"我想买，但今天支付不了"

【情境分析】

客户并非没钱，也不缺乏签单愿望，而是手机绑定的银行卡余额不足，或者没有带信用卡、现金，当然也可能是销售方导致。

【客户提问】

客户："我手机只绑定了一张银行卡，余额不够付定金。其他的银行卡我也没带，怎么办呢？"

【普通回答】

销售员："那太遗憾了。您现在能付多少呢？"

【高情商回答】

销售员："先生，我知道出门几百米就有一台ATM机，可以无卡取款，只需要输入银行卡号。您记得其他卡的卡号吗？"

【技巧提示】

1. 如果是销售方问题，要及时道歉。

2. 不要追问客户带了多少钱出门，这种虎视眈眈的态度容易吓着他们。

客户说"你们的合同里还有其他费用"

【情境分析】

客户未预料到其他费用的可能性，对签单抱有疑虑。

【客户提问】

客户："你们的合同里怎么还有其他费用？'不可抗力、法律法规变更等原因导致的额外费用'是什么意思？"

【普通回答】

销售员："万一后面政策变了，我们公司会面临很大的损失。"

【高情商回答】

销售员："这笔订单和国际贸易有关。万一国外的相关法律法规改变，导致贸易条件变化，不管影响咱们谁，都会破坏合作进度。这个条款正是因此设置的。不过，也并不一定是您付费，也可能是我方付费。"

【技巧提示】

1. 要对客户提出开放性强的问题，请他们发表看法。

2. 指出额外费用条款会保障双方利益，而不是某一方。

客户表示旧产品太可惜了

【情境分析】

客户带着矛盾心情前来，既为旧产品的损坏、遗失或者老化而遗憾，内心又期待能有更好的替代产品。

【客户提问】

客户："你们这有没有儿童阅读灯？我家原来那款就挺好的，但被孩子弄坏了。"

【普通回答】

销售员："没关系，坏了再买一台。"

【高情商回答】

销售员："您孩子是不是总喜欢调节光线的明暗？我们新到了一款带有童锁的调光灯，只有家长能给他调节，不会被轻易弄坏，我来给您演示一下是怎么操作的。"

【技巧提示】

1. 销售员要有一定的敏锐性，要认同和感知客户的心情。

2. 揭示新产品如何解除客户的痛点，吸引客户尽快成交。

客户表示合同条款太多了

【情境分析】

客户没有理解条款的意图，对其内容缺乏信任。或者认为自己是购买方，不应承担如此义务。

【客户提问】

客户："你们的合同条款怎么这么多？我们都是老百姓，又不懂这些，万一被骗了怎么办？"

【普通回答】

销售员："合同模板都是一样的，谁买都是这样的。"

【高情商回答】

销售员："您放心，这份合同是经过专业法律工作者审核，也在相关权威机构备过案的，肯定没有骗您的意思。合同条款多，不仅有利于我们，也保护您的利益。您如果对哪条不明白，可以问我。"

【技巧提示】

1. 向客户说明条款的重要性、合法性。

2. 可以主动询问客户，精准解决疑问。

客户在两种产品之间难以选择

【情境分析】

此时，好消息是客户已决定购买，坏消息则是客户在产品之间难以选择而耽误了签单。

【客户提问】

客户："这件夹克挺好看的，那件线衫也不错，我都很喜欢，我买哪件好呢？"

【普通回答】

销售员："两件都挺好的，您买哪一件都合适。"

【高情商回答】

销售员："我觉得这件夹克偏商务一些，适合正式场合。而那件线衫比较休闲。这两件穿着场合是不一样的，您最近更多去什么样的场合呢？"

【技巧提示】

1.要将自己当成客户的朋友，真心实意地为他们制定购买方案。

2.不要笼统地提出建议，这种建议缺乏说服力，很难说服客户。

客户在编制合同时偷改了条件

【情境分析】

客户认为某些合同条款关系的利益不大，销售方只在乎数量、价格、付款时限，除此以外的并不重视。客户想要通过这种方式"占便宜"。

【客户提问】

客户："这份合同是我们编制的，你看可以吗？如果可以我们就签了。"

【普通回答】

销售员："这些条款和我们之前说好的有冲突，请您修改一下，不然我们领导是不会同意签约的。"

【高情商回答】

销售员："×总，我看了一下合同，发现有几个小问题，我想和您核实一下……这些条款会影响我们长期合作的双方利益，为了确保我们的合作顺利进行，您看是我修改好了发给您，还是您改好发给我呢？"

【技巧提示】

1. 假装没有看出合同的变动，在轻松氛围中让客户将合同改回来。

2. 可以向客户简单解释条款存在的意义。

客户在签单前提出太多要求

【情境分析】

随着签单时间迫近，客户提出越来越多的要求，这反映出客户在试图获取更多利益。

【客户提问】

客户："签单没有问题，不过我们又想起来几个问题，希望你们能同意下面的条件……你看怎么样？"

【普通回答】

销售员："之前我们已经说好条件了，您这样的话……"

【高情商回答】

销售员："×总，这些条件我们确实接受不了。您也可以和我们的同行了解一下，合作是否能建立在这些条件基础上。不如这样吧，您这边再确定一下究竟怎样合作才能接受，我们也回去商量一下。"

【技巧提示】

1. 即便客户的要求琐碎或过分，销售员也应用委婉语气表达不满。

2. 适当主动停止沟通，拿回签单前沟通的部分主动权。

客户对签单表现得不紧不慢

【情境分析】

客户感受不到应有的心理压力，认为交易进程全都在自己的掌控中，其根源在于缺乏需求的紧迫性。

【客户提问】

客户："签单？我不急，我得再考虑考虑。你们很急吗？"

【普通回答】

销售员："我不明白，这么好的价格，这么优质的原材料，您怎么看不上呢？"

【高情商回答】

销售员："您不着急，但是您的客户会着急。如果他们知道您的竞争对手××公司也开始了解我们这里的原材料，他们会想去××公司看看的，而且这些都将瞒着您偷偷进行。"

【技巧提示】

1. 销售员要学会制造紧张气氛，让客户感到"非买不可"的紧迫感。

2. 客户不紧张，销售员也不用表现出紧张。

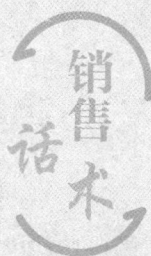

第八章

催款有方：
让客户主动付款的策略

客户问"你怎么老是催款？"

【情境分析】

催款让客户感受到了压力，这种压力可能是经济上的，也可能是精神上的。客户误认为销售方只关注自身的短期经济利益，缺乏合作精神，或者客户并不了解销售方的困难。

【客户提问】

客户："怎么又来催款了？每次就你来得最早。"

【普通回答】

销售员："您要是付了尾款，我就不来了。"

【高情商回答】

销售员："催款是很重要，主要还是来看看您有什么需要，毕竟我们还是想长期合作的。如果您对我们有什么不满，可以告诉我，我给您解决或者传达，但我们的困难，也希望您能体谅，所以领导才派我过来。"

【技巧提示】

1. 让客户意识到，催款不只是你的个人行为，也代表你所在的企业。

2. 以回访的名义来转化客户对催款的不满。

客户问"你们为什么不催××的款？"

【情境分析】

客户产生攀比心理，认为同行必须遵循一样的付款周期。这类客户缺乏对合同约束力的重视。

【客户提问】

客户："我听说×总也没付尾款，你们怎么不找他呢？"

【普通回答】

销售员："他拿货量很大，付尾款日期可以延长。"

【高情商回答】

销售员："您只知其一不知其二，他尾款到现在没付，所以享受不到我们公司新出台的政策：年前回款的客户，下一批货就能享受优惠价格，能在原有拿货价格的基础上打9折。"

【技巧提示】

1. 要和客户分享更多的信息，强化其对付款必要性的认知。

2. 让客户看到主动回款的好处，而不是被负面案例影响。

客户说"再用一段时间我就付尾款"

【情境分析】

客户获得免费或优惠试用产品的机会，想要多享受一段时间。也可能客户在试用过程中确实未能完全感受到产品的价值，对产品缺乏信心。

【客户提问】

客户："我再用一段时间吧，试试看有什么问题，没有问题我就付款好吧？"

【普通回答】

销售员："那不行，按照合同规定试用时间已经到了。"

【高情商回答】

销售员："这个产品在签单前您已经试用过一段时间了，当时您对产品挺满意的。如果按天数计算，您已经获得了×××元的优惠。上次您朋友×总购买新产品也不放心，后来对我们的服务态度非常认可。"

【技巧提示】

1.举出客户认可的案例，让他们相信新产品的质量。

2.可以用具体数字证明客户已经获得的优惠。

客户说"你再送货过来我就结清上次尾款"

【情境分析】

此类客户既想继续合作，又想延长付款周期，他们大都抱有尽可能多占便宜的心理，并认为销售方不会因为这点小事而放弃合作。

【客户提问】

客户："你先把我要的货送过来，我就结清上次的尾款，怎么样？"

【普通回答】

销售员："您上次就是这样说的，我同意了，结果这次又这样说。"

【高情商回答】

销售员："×总，我是能帮您申请先发货。可是您名下有没有支付的尾款，仓库那边是不会发货的。就算我再说也没有用，这次真的是无能为力了。如果您还想拿货，请尽快支付尾款。"

【技巧提示】

1. 不要和客户过多讨价还价，避免被对方牵扯而影响催款效率。

2. 必要时应斩钉截铁地说"不"。

客户说"我们扩大规模资金紧缺"

【情境分析】

当市场出现升温迹象时，客户希望能抓住机会扩大经营规模，并期待资金周转开了再支付尾款。

【客户提问】

客户："我最近在开展一个项目，货款再等下支付行吗？"

【普通回答】

销售员："您要老是拖，对大家都不好啊。"

【高情商回答】

销售员："不瞒您说，现在公司的合作者多了，公司出台了制度规定回款时间，有一家销售商的货款拖欠时间过长，仓库那边不会再发出任何产品了。您最好在这个月月底支付尾款，不然合作关系很难维持。"

【技巧提示】

1. 对客户设立期限，在期限前提醒其自觉回款。

2. 销售员也可以举出案例，让客户意识到这种行为的严重性。

客户说"我跟你们领导熟"

【情境分析】

客户误认为催收货款仅关系到销售员的业绩，想用私人关系影响销售员放弃催款。

【客户提问】

客户："别着急，我和你们领导×总是多少年的朋友了，我还能赖他的账吗？"

【普通回答】

销售员："不管您和我们领导是什么关系，都应该按照合同办事。"

【高情商回答】

销售员："×总上次布置我工作时特意说，人情归人情，生意归生意，听说他刚刚把一家销售商拉进黑名单，也是多少年的交情了。没办法，领导压力也大，您多担待。"

【技巧提示】

1. 侧面提醒客户应分清关系，重视催款。
2. 引用领导说过的话，请求客户予以理解。

客户说"重新定价我就补交尾款"

【情境分析】

客户希望利用催款机会反客为主，压低下次进货价格。他们或许有正当的申请降价的理由，但不宜将之与付款事项混淆。

【客户提问】

客户："我补交尾款也可以，但是你能把进货价格再降低点儿吗？"

【普通回答】

销售员："降价这事可不是我说了算，现在领导在催我这边的尾款。"

【高情商回答】

销售员："×总，关于进货价格这个事情，我会和领导商量的。这些问题都可以谈，不是不能降，但领导也会先问您尾款的事情，如果尾款到那时都没交，领导也不敢随便给您降价。您说对吧？"

【技巧提示】

1. 确保客户知道补交尾款是合同义务，而不是条件。

2. 适当折中，让客户保留希望。

客户说"你们的服务不值这个价格"

【情境分析】

客户可能真的对服务质量不满，也可能是因为其他因素而产生不满，导致拖欠尾款。

【客户提问】

客户："我感觉你们的服务也没什么效果，真的值这个价格吗？"

【普通回答】

销售员："不管值不值，价格一开始都是写在合同里的。"

【高情商回答】

销售员："×总，您感觉服务效果不好，我们可以商讨解决方法。既然是我销售给您的，我肯定会负责，帮助您改善到位。但在此之前，尾款您还是要付的，只有这样，我们才能调动资源给您提供更好的服务。"

【技巧提示】

1. 可以与其他竞争对手对比，证明自身产品或服务的质量。

2. 既要承诺对客户提供改善，又应明确及时回款的要求。

客户说"尾款就当补偿吧！"

【情境分析】

客户认为销售方比较弱势，或者认定自己有所损失。无论哪种情况，如果处理不好，都有可能影响未来双方的合作。

【客户提问】

客户："上次那批货物里面有几件损坏的，虽然退货了，但是赔偿款项还没到位。尾款里扣除一部分当补偿怎么样？"

【普通回答】

销售员："收支两条线，这是财务规定，没办法。"

【高情商回答】

销售员："×总，真是不好意思，产品确实有损坏的可能，我们目前正在调查原因。无论如何，我们都会退款、赔付，但是根据合同这些款项会有专门的账期、渠道，不能在尾款里扣除。请您谅解。"

【技巧提示】

1. 如果本方确实有责任，就应该拿出应有的道歉姿态，缓和对方情绪。

2. 要明确告诉客户，为了保持公司的财务健康，要平衡财务收支。

客户说"公司内部还在走付款流程"

【情境分析】

"走流程"是很常见的拖款借口，大多是客户代表所说，他们希望以此逃避自己应负的责任。

【客户提问】

客户："你又来了，我们公司内部还在走流程，这就等不及了？"

【普通回答】

销售员："走流程也不能走一个月吧，这也太慢了。"

【高情商回答】

销售员："×总，贵公司付款流程有点慢，我们领导着急了，让我来看看情况。如果流程启动了还需要等待，请您告诉我流程大概多久能走完。如果流程一直都这么慢，那下次我们发货也可以不那么着急了。"

【技巧提示】

1. 不需要指责客户付款流程的快慢，只要确定已启动即可。

2. 明确告诉客户，本方的服务质量取决于其付款速度。

客户说"你们发货不急催款着急"

【情境分析】

客户将发货和催款行为混同，这种言论大多是在故意曲解概念，但也传递出客户一定的不满情绪。

【客户提问】

客户："你们催款倒是挺急的，发货的时候怎么不着急呢？"

【普通回答】

销售员："发货要等工厂生产好了才能发。"

【高情商回答】

销售员："×总，这批货当时发得慢，主要是因为订单太多，上游工厂遭受了自然灾害，所以产能没有跟上。现在催款，既是为了我们公司，也是为了双方能更顺畅、互信地对接上游。"

【技巧提示】

1. 重申发货速度的问题，对客户不明白的问题加以解释以消除误会。

2. 让客户看到催款同样是在维护他们的市场地位。

客户说"财务负责人出差了"

【情境分析】

多数情况是小公司的拖款借口，但也不排除是事实。客户用这种说法，主要是为了逃避自身责任。

【客户提问】

客户："财务部的王经理临时出差了，她走之前特意让我转告你，说尾款不会拖太久，你有什么不放心的？"

【普通回答】

销售员："怎么说走就走啊？你们是不是成心的？"

【高情商回答】

销售员："是吗？有点突然。我们公司的小陈和王经理关系不错，早知道我找小陈联系王经理了。您知道王经理什么时候回来吗？（得到明确答案后）好的，等王经理回来，我再上门拜访。"

【技巧提示】

1. 如果对方财务负责人确实无法联系，可以进一步确定其返回时间，也可以通过第三人联系。

2. 暗示你的下一步行动，给客户压力。

客户说"都是老关系了怎么还不信任？"

【情境分析】

客户认为催款意味着不信任，实则是缺乏对销售方的共情，也没有真正理解合作的意义。

【客户提问】

客户："我都在你这里拿了几年货了，老关系了，还信不过我吗？"

【普通回答】

销售员："这不是信任不信任的问题。"

【高情商回答】

销售员："×总，现在产品销路打开了，也有其他人想购买我们手里的货，因为我们的关系不错，我才拒绝了他们，优先给您。如果您现在不方便付尾款，那我压力就比较大了。"

【技巧提示】

1. 强调双方的关系已经体现在之前的优惠中。

2. 适当给客户压力，让其必须在付款和拖延中做出选择。

客户说"等我的客户回款了就付给你"

【情境分析】

回款属于购买方的义务，当客户如此表述时，实则是将自身义务对外转嫁。

【客户提问】

客户："我的客户快要回款了，等我拿到就付给你，可以吧？"

【普通回答】

销售员："我只是个打工的，您是老板，还是不要为难我了。"

【高情商回答】

销售员："不会吧，上次和几个同行朋友吃饭，说刚接到一个大项目，马上就能拿到首付款了。那您吃了肉带我们喝点汤，也要记得先给我们这边付款啊。"

【技巧提示】

1. 保持冷静，了解清楚情况，避免发生争执。
2. 侧面暗示客户，提醒他你可能采取的调查行动。

客户说"现在账上真的没钱了"

【情境分析】

这类客户比较"坦诚",他们甚至可能会邀请你查账,以证明自己没有恶意欠款。

【客户提问】

客户:"我的账上现在是真没有钱,你可以来看看,等我有钱就还行吧?"

【普通回答】

销售员:"那您说怎么办,老是拖着也不是办法。"

【高情商回答】

销售员:"如果您这样说,我们公司肯定也会采取必要办法。我们领导会将您的情况转给法务部门,会有律师联系您的。不过,我不希望闹成这样。要不您先写个承诺书,承诺什么时间付款,可以吗?"

【技巧提示】

1. 销售员应摆出强硬姿态,给对方施加应有的压力。

2. 可以让对方采取书面形式做出承诺。

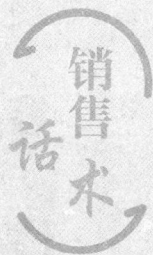

第九章

化解矛盾：
构建和谐的客户关系

客户问"产品产地怎么不一样？"

【情境分析】

自认懂行的客户不仅重视产品品牌，也看重生产地，但在购买前却疏于表达，也可能只是购买后的道听途说。

【客户提问】

客户："这款瓷砖我买回去，别人告诉我是佛山生产的才行，长沙生产的不行，这是怎么回事？"

【普通回答】

销售员："哪里生产的都一样。"

【高情商回答】

销售员："先生，这个品牌的瓷砖获得过多项大奖，市场出货量一直很好。无论在哪里，它们的设备、技术、管理标准、工艺体系都是一样的，消费者享受的服务都是一样的，请您放心！"

【技巧提示】

1. 销售员应在日常工作中多了解产品产地知识。

2. 沟通中强调一致性，转变客户的印象。

客户说"这不是使用的问题"

【情境分析】

客户可能并不认为自己的使用方法错误，也可能是在刻意掩盖问题。无论何种情况，他们都希望有人来承担责任和解决问题。

【客户提问】

客户："你这个产品有问题吧，为什么会变成这样，你们准备怎么办？"

【普通回答】

销售员："这个产品确实没有问题，这一看就是人为导致的。"

【高情商回答】

销售员："这件产品损坏的主要原因是使用不当，属于人为责任，不是产品质量问题。不过您先别着急，这种损坏我们的技术人员是可以修好的，但您需要支付一定的费用。您看可以吗？"

【技巧提示】

1. 请客户详细描述使用产品的过程。

2. 尽快为客户提供解决办法，并解释原因。

客户说"退换货时间不合理"

【情境分析】

客户认为自己就迟了几天，就赶不上退换货的时间，从情感上难以接受这样的结果。

【客户提问】

客户："我不管，我就迟了几天，你们就跟我抠这个退换货期限，你们是不是太欺负人了？"

【普通回答】

销售员："这不能怪我们，我们也是按规定办事，是您自己没有早来。"

【高情商回答】

销售员："女士，这两件产品超过了退换货的期限。但好在其中一件您没有拆开使用，我们可以给您申请退换，但另一件只能付费退换了，毕竟您也知道产品没有质量问题。"

【技巧提示】

1. 虽然客户的产品已不在退货期内，但销售员不要认为自己与此无关。

2. 如果条件合适，可以考虑适当放宽条件，让客户感觉获益。但前提是向客户强调产品没有质量问题。

客户说"用坏的责任还是在于你们"

【情境分析】

客户用坏了产品，虽然并没有确定问题来源，但客户认定不是自己的错。相反，由于销售方对产品或服务收费，成了客户想象中的责任方。

【客户提问】

客户："你们怎么能说是我的问题呢？既然你们的产品出现了问题，你们就得负责。"

【普通回答】

销售员："但是责任方明明是您自己啊，我们不能承担不应该承担的责任。"

【高情商回答】

销售员："如果您认为我们没教给您使用方法，那我们有一部分责任。但毕竟我们只是销售方，而不是培训方。我们收取的是产品费，而不是培训费。所以，我们不能承担主要责任。"

【技巧提示】

1. 要勇于承认己方的责任，但更要指出客户的责任，用责任比例划分的方式，让对方心服口服。

2. 告知客户己方已经解决的问题，要求客户为后续问题付费。

客户说"你们本来就承诺过"

【情境分析】

客户认为只要执意声称销售方做过承诺，就能达成自己的目的。销售员要注意分辨那些想要借机占便宜的客户，并加以认真对待。

【客户提问】

客户："你们怎么说话不算数啊，你们的销售员告诉我，这个产品能防水，为什么现在进水了你们不赔偿？"

【普通回答】

销售员："没有人说过能防水。"

【高情商回答】

销售员："先生，我是第一次听说这种产品能防水。我们的培训资料里从来没有提过，员工不可能这样对外宣传。如果您坚持这么认为，我们会调取销售时的监控，看看究竟是谁这样说的。"

【技巧提示】

1. 借助中间人、新闻媒体、政府部门等社会资源，规劝客户实事求是。

2. 告知客户，销售方保留了一定的证据，能证明事实并非像其描述的那样。

客户说"要和领导谈赔偿"

【情境分析】

遇到产品或服务问题时，客户更倾向于第一时间找销售团队的负责人沟通，这势必会打乱整个团队的工作计划，其问题源于客户对销售员缺乏信任。

【客户提问】

客户："这个问题我不想和别人说，你们领导呢？"

【普通回答】

销售员："领导很忙，当时联系您的销售员是谁就找谁。"

【高情商回答】

销售员："×总，您好！关于产品有什么问题请和我说，我就是您这个项目的负责人。只要是我们的责任，我们绝对会负责到底，请您到这边来。"

【技巧提示】

1. 适当地自抬身份，让客户相信你的影响力。

2. 无论问题如何解决，都要先给予客户解决问题的承诺。

客户说"要去监管部门投诉"

【情境分析】

去监管部门投诉，是消费者维权的重要途径。当客户认为自身权益受到损害时，他们会采用这种说法，向销售方施加压力。

【客户提问】

客户："我的这个事你们到底管不管？不管我就去监管部门投诉了。"

【普通回答】

销售员："您可以去投诉，这是您的权利。"

【高情商回答】

销售员："关于您反映的产品问题，我们刚才已经检测和确认过了，主要原因是×××××，我们愿意对此×××××（根据实际情况列举措施）。如果您能接受，我们马上着手解决。"

【技巧提示】

1. 面对施压，要做到有礼有节、不卑不亢，以法律和规则作为底线。

2. 向客户说明，现在的解决方案已经是最好的了。

客户说"刚用两天想退货"

【情境分析】

客户出于主观原因想要退货，却并不符合退货规定，他们很容易将此类原因归咎于销售方。此外，他们还容易将电商线上销售的"七天无理由退货"规定套用到线下消费中。

【客户提问】

客户："这手机我才用了两天，为什么不给退货？"

【普通回答】

销售员："我们没有可以退货的规定。"

【高情商回答】

销售员："先生，退货不是不可以，只是根据《移动电话机商品修理更换退货责任规定》，手机必须出现性能故障，消费者才能选择退货、换货或者修理。现在手机不符合退换货规定。"

【技巧提示】

1. 要熟悉所在行业关于产品退换货的规定，及时引用。

2. 要在沟通中明确电商和非电商关于退换货规定的区别，消除客户的误解。

客户说"这好像是质量问题"

【情境分析】

客户初次使用产品时，不太了解产品的特点，很容易对一些非质量问题产生错误理解。

【客户提问】

客户："你们的中央空调每次启动热风都要等五分钟。怎么这么久啊？"

【普通回答】

销售员："不都是这样嘛！"

【高情商回答】

销售员："先生，不管任何品牌的中央空调，制热前都有启动过程，这个过程和室外温度有关系，您也可以通过其他渠道来了解，看看其他品牌是不是也这样，再判断我说的是真是假。"

【技巧提示】

1. 先解释原因，告知客户这不是己方的问题。

2. 为客户提供其他咨询了解的途径，建立信任。

客户突然发脾气

【情境分析】

客户认为你的产品出现问题，责任在于你，甚至因此怀疑你是故意骗他们。这导致他们认为发脾气也是正常的。

【客户提问】

客户："你们这算是什么优秀产品啊？说得那么好，才没用几天就变成这样了！"

【普通回答】

销售员："这不一定就是我们产品的问题，您不要无理取闹。"

【高情商回答】

销售员："女士，请您稍等一会儿，我们马上就找技术人员进行确认。您可以先在接待室坐一会儿，喝杯茶，消消气。放心，您既然来了，我们不会不解决问题的。"

【技巧提示】

1. 客户发脾气时，销售员要立刻安抚对方的情绪，并表明自己积极处理的态度。

2. 请客户暂时不要接触产品，让客户喝杯茶，借此转移注意力。

客户突然闯入销售现场投诉

【情境分析】

客户带着情绪突然闯入销售现场，既是为了发泄不满，也想对销售方施加压力。

【客户提问】

客户："你们还在这做生意呢？东西质量这么差。"

【普通回答】

销售员："差不差，不是你说了算，大家都来买就说明质量是值得认可的。"

【高情商回答】

销售员："先生，您可以说说究竟是什么问题吗？（等客户说完）您说的这种情况我们确实是第一次遇到，可以请您带着产品来我们技术部检测一下吗？这边请。"

【技巧提示】

1. 第一时间称赞客户的素质，表示对其感受的理解。

2. 强调是第一次遇到类似的问题，向周围的其他客户说明情况。

客户对产品质量太挑剔

【情境分析】

相同品类、不同价格的产品，其质量也不相同。少数客户对产品功能期待值太高，导致对产品质量也过于挑剔。

【客户提问】

客户："你们的电动汽车充电速度是不是太慢了？"

【普通回答】

销售员："一分钱一分货，您如果购买高配版，充电速度就会更快。"

【高情商回答】

销售员："先生，您购买的这款产品如果用公共充电桩充电，在1~1.5小时就能充满。市场上同类产品充电速度都是如此，有些品牌在冬天充电会比这款产品更慢。"

【技巧提示】

1. 用数据说明产品质量没有问题，让你的说法更精准。

2. 与其他品牌产品的表现进行对比，说服客户。

客户劝大家都别买

【情境分析】

客户希望满足其诉求，否则将通过不同途径发布负面消息，对销售方的品牌价值造成损害。

【客户提问】

客户："你们这到底是怎么回事？服务这么差，赶紧给我一个说法，不然我就通过各种途径发布负面消息。"

【普通回答】

销售员："您真要这么做我也没办法，我又不是老板。"

【高情商回答】

销售员："您别着急，请先和我去贵宾室，我们立刻开展调查。（在贵宾室）女士，您的诉求究竟是什么？我已经请示了店长，他马上就到，我们会尽量在自己的权限内满足您的要求。"

【技巧提示】

1. 尽量让客户和其他人分离，减少影响。

2. 如有可能，邀请领导与客户共同商谈，摸清其真实诉求并展开谈判。

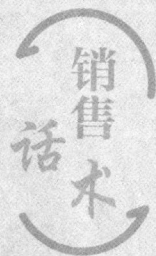

第十章

积极回访：
增进感情的有效途径

客户问"你会不会觉得我要求多?"

【情境分析】

越是同质化的产品,客户的个性化要求就越多,也就更希望通过售后回访来满足其要求。

【客户提问】

客户:"我的要求有点多,你们销售员平时会不会觉得麻烦?"

【普通回答】

销售员:"怎么会,您是大客户。"

【高情商回答】

销售员:"×总,您客气了。我们公司向来针对客户提供个性化服务。这段时间您提出的一些建议,帮助我们改善了产品和服务,我们也要感谢您的积极沟通。"

【技巧提示】

1. 列举销售方是如何以服务来尊重和满足客户不同需求的。

2. 做好对客户现有问题的挖掘,确定能让他们满意的服务方式。

客户问"活动内容有什么特色吗？"

【情境分析】

千篇一律的回访形式和内容，已经无法吸引客户。他们想参加更有趣的活动，了解更丰富的信息。

【客户提问】

客户："这次活动有什么特色吗？"

【普通回答】

销售员："×总，您肯定会收获很多的。"

【高情商回答】

销售员："我来简单介绍一下。这次活动邀请的都是行业内和我们公司合作的优质伙伴，既为了感谢大家的支持和帮助，也为了在行业内积极沟通、协作。通过这次活动您能认识新的朋友。"

【技巧提示】

1. 要具体描述活动的特色内容，强调客户能获得的价值。

2. 在开展活动前一周，通过回访和客户再次确认。

客户问"你怎么又打电话来?"

【情境分析】

销售方的电话回访对客户造成了一定的困扰,可能浪费了他们的时间,也可能他们借此表露不满。

【客户提问】

客户:"我都忙翻了,你们还打电话来,有什么重要的事情吗?"

【普通回答】

销售员:"不好意思,我们规定必须售后回访。"

【高情商回答】

销售员:"您好,真抱歉,本来以为您今天不忙。是这样的,公司出台了一项老客户返利政策,有名额和时间限制,我必须第一时间告诉您。"

【技巧提示】

1. 分析客户的工作和生活习惯,尽量在其空闲时间打电话。

2. 接通电话后第一时间说明对客户有利的内容。

客户说"你给赠品就配合回访"

【情境分析】

这类客户比较贪图小便宜，他们希望用配合调查回访的机会来获得赠品，这既是维系客户关系的阻力，也是双方进一步走近的机会。

【客户提问】

客户："这次有没有上次的赠品啊？"

【普通回答】

销售员："这次公司没有准备赠品，我也没办法单独为您向上级申请。"

【高情商回答】

销售员："×总，真不好意思，这次我出来得很匆忙，实在不好带赠品。这样吧，下个月公司会举办一次回馈活动，我会将您的名字放到第一个，第一时间将赠品寄出来。如何？"

【技巧提示】

1. 及时承诺补偿的方式和内容。
2. 通过反问，转移客户的兴趣点。

客户说"目前没有时间接受回访"

【情境分析】

客户确实正在忙其他事情，无法抽出时间应对销售员。

【客户提问】

客户："今天可能没时间了，客户临时要与我见面。改个时间可以吗？"

【普通回答】

销售员："那您什么时候有空呢？"

【高情商回答】

销售员："真不好意思，约到了您正忙的时候。您看这样吧，我明天上午提前给您打电话，如果您没有其他安排，我就过来。"

【技巧提示】

1. 将对方的问题揽到自己身上，获得客户的认可。

2. 提前约好下次回访的时间和方式。

客户说"你们的提醒次数太多了"

【情境分析】

每个人对回访频率的预期是不一样的，当回访次数超过了客户的预期，他们就会感到厌烦或产生误会。

【客户提问】

客户："你们怎么总是回访，是不是又想压货？"

【普通回答】

销售员："没办法，谁让我是干这个的。"

【高情商回答】

销售员："×总，真不是想压货。这两天我拿到总部提供的培训资料，我想着如果您的业务员经过培训，会对产品销售很有帮助。资料不允许通过网络发送，我就给您送过来了。"

【技巧提示】

1. 选择一个合适的借口开展回访。

2. 不要每次回访都和销售意图联系。

客户说"之前提供的信息太旧了"

【情境分析】

由于回访不够主动及时，导致客户之前提供的信息失去效用，客户未能发现回访的价值。

【客户提问】

客户："之前我告诉过你们周平均销售数字的，怎么这次的合作计划还是没什么改变？"

【普通回答】

销售员："那个数字现在没用了。"

【高情商回答】

销售员："×总，这次总部对合作计划的调整主要是基于未来销售可能，没有太多参考历史业绩数字。您的意见我会及时反馈。您每个月能否填写一次报表送给我们，这样回访效果更明显。"

【技巧提示】

1. 和客户沟通商量，形成定期分享信息的机制。

2. 如果客户反馈的信息没有产生结果，应代表公司向客户致歉。

客户说"回访就是走形式"

【情境分析】

客户对销售员没有意见，但对销售回访工作不够重视，认为只是销售方为了服务形式而进行的表面工作。

【客户提问】

客户："这个回访是不是我配合你做个样子？"

【普通回答】

销售员："不是，这是我的重要工作。"

【高情商回答】

销售员："×总，今天过来主要有两件事情，一件事是请您帮助我们完成市场调研的回访工作，另一件事就是对前几次的销售额进行核对，便于我们返还您具体的金额。"

【技巧提示】

1. 要将销售回访工作同客户真正关心的利益结合起来。

2. 日常要和客户多进行碎片化沟通，建立感情。

客户说"我只配合原来的销售员回访"

【情境分析】

基于客观情况的变化，当客户面对陌生的回访人员时，情绪难免会产生波动。

【客户提问】

客户："为什么不是卖给我产品的××来回访呢？"

【普通回答】

销售员："因为工作需要，人员岗位调整了。"

【高情商回答】

销售员："××已经调走了，由我来接替他。交接工作时，他特意强调您是优质客户。很高兴我能代表公司回访您，希望今后能发挥自己多年的销售经验，为您做好服务。"

【技巧提示】

1. 借助原来的销售员的名义，迅速拉近双方关系。
2. 利用产品、市场等话题，让客户了解你的价值。

客户说"以后恐怕不能合作了"

【情境分析】

客户突然提出不再合作，其背后必然存在长期因素，可能是客户对我方的不满，也可能是竞争对手的干扰。

【客户提问】

客户："恐怕今后我们不能合作了。你有空吗？我们把账核对一下。"

【普通回答】

销售员："请问为什么呢？"

【高情商回答】

销售员："太遗憾了，想起来去年这时我们刚签单，您对我们公司的产品和服务都很认可，甚至还帮我们介绍了几个客户。现在您有更好的供应商了吧？我想了解一下，他们比我们强在哪里呢？"

【技巧提示】

1. 表达遗憾，回忆成功服务的案例，借助彼此感情来让客户愿意延长思考时间。

2. 在沟通中尽快弄清客户放弃合作的真实原因。

客户说"想把你的联系方式给朋友"

【情境分析】

客户主动表示想要把你的联系方式推荐给朋友，既是对产品或服务的认可，也是对销售员能力和人品的肯定。

【客户提问】

客户："我有个朋友也想了解你们的产品，我能把你的联系方式给他吗？"

【普通回答】

销售员："好的，谢谢您啦！"

【高情商回答】

销售员："好的，您也可以把他的联系方式给我，我给他介绍一下最新的优惠政策。既然是您的朋友，我们一定会给出最大的优惠、最好的服务。您看怎么样？"

【技巧提示】

1. 可以主动索要对方的联系方式，表现诚意。
2. 应该做出承诺，展示最好的服务姿态。

客户说"我不想加入会员"

【情境分析】

客户不想加入会员的原因有很多，包括担心被打扰、不在乎优惠折扣等，也可能只是单纯地缺乏信任。

【客户提问】

客户："我都买过几次了，如果不加入会员就不能享受优惠吗？"

【普通回答】

销售员："您为什么不加入会员啊，加入会员会享受很多优惠。"

【高情商回答】

销售员："加入会员能享受长期、多次的优惠，而且不限购买地点和服务人员。我发现您购买的数量越来越多，说明您信任我们的产品。所以加入会员很有必要。您放心，我们不会打扰到您。"

【技巧提示】

1. 总结客户的购买经过，回忆其怎样逐步信任产品。

2. 缓解客户的心理压力，保证其不会由于入会而被打扰。

客户说"产品用着不错"

【情境分析】

客户对产品加以肯定，此时是通过回访拉近双方关系的良好契机。

【客户提问】

客户："上次那个产品用着效果不错，你还有吗？"

【普通回答】

销售员："谢谢，还有啊，您要买多少？"

【高情商回答】

销售员："很高兴它发挥作用了。我们最近有很多客户都说这款新产品好，补水效果非常明显，皮肤状态改善显著。我想着您用完了以后估计还要买，所以特意给您留了一份。"

【技巧提示】

1. 表示对客户的恭喜，而不是感谢。
2. 强调自己已经为对方预留了产品。

客户说"我目前还不需要更多产品"

【情境分析】

客户可能对产品价值并不确信，或者确实还有多余产品。

【客户提问】

客户："你不会是来压货的吧？我最近不需要更多产品，上次的那批都没有卖完。"

【普通回答】

销售员："怎么会卖不动呢？您再试试。"

【高情商回答】

销售员："原来如此，我很理解您的心情。我和您一样着急，不知道是哪个环节出现了问题，我今天就是来和您商量怎样解决问题的。如果我能处理的由我处理，如果不行我会向上级反映的。"

【技巧提示】

1. 首先，要对客户销售时遇到的困难表示理解。

2. 表明共同解决问题的意愿，充分展现诚意。

客户说"你们的群里广告有点多"

【情境分析】

客户在回访中特意提到这一点，说明其对群内广告产生了厌烦心理。

【客户提问】

客户："你们客户群里的广告可以少发点吗？"

【普通回答】

销售员："对不起，那不是我发布的，是市场营销部门的规定任务。"

【高情商回答】

销售员："对不起，广告太多肯定打扰您了。除了群内发布这种方式，您是否还有其他建议呢？我们会向市场营销部门的同事反馈，帮助他们确定新的信息分享机制。"

【技巧提示】

1. 无论是谁发布广告，都不要推卸责任，而是主动道歉。
2. 鼓励客户说出合理的建议。

客户说"我已经离职了"

【情境分析】

客户离职后，大多数销售员都会想到要求客户帮助自己介绍接替者，但客户不一定同意。

【客户提问】

客户："你怎么还给我打电话？我已经离职了，有机会再合作。"

【普通回答】

销售员："好的，哪位领导接替您？"

【高情商回答】

销售员："太遗憾了，以后不能和您合作了。最近您总提到×总，是不是×总来接替您呢？您看，能不能将我介绍给他，或者将他的联系方式给我呢？如果他没有兴趣，我是不会打扰的。"

【技巧提示】

1. 旁敲侧击，了解清楚接替者人选。

2. 向客户保证，不打电话骚扰接替者。

客户敷衍回答你的回访问题

【情境分析】

客户认为售后调查、走访与自身的实际利益无关，或者确实没有足够的时间参与，导致提供的信息语焉不详，缺乏真实度。

【客户提问】

客户："我现在有点忙，你们大概要调查多久？"

【普通回答】

销售员："您放心，不会太久。"

【高情商回答】

销售员："×总，知道您很忙，我们公司特地准备了小礼物。您看这样可以吗，请给我们介绍一位经常接触这套系统的同事，大家聊聊使用系统过程中的感受，回头我们再向您汇报。"

【技巧提示】

1. 调查前准备好礼品，减少客户对售后调查的反感。

2. 邀请客户介绍同事或下属参与调查。

老客户突然不再和你联系

【情境分析】

老客户原本经常联系销售员，但突然中止了联系且不说明原因。这种情况可能是由于老客户在接触其他销售方，也可能是其公司内部发生了人事变动，或者可能是产生了误解。

【客户提问】

客户："是××啊，我们有段时间没联系了吧？"

【普通回答】

销售员："是的，一直没有您那边的消息。"

【高情商回答】

销售员："说起来是有两个月了，您店里生意好吗？这么久没联系，主要怪我没有上门拜访。您上次进的产品，我感觉快要卖完了，您打算什么时候再进下一批呢？"

【技巧提示】

1. 销售员应主动承担彼此没有联系的责任。

2. 询问客户对产品使用或销售的过程中有何问题。

客户对原来的销售员存在偏见

【情境分析】

客户可能对原来的销售员存在一定偏见，影响到售后的关系维护。面对这类客户，销售回访工作存在一定压力。

【客户提问】

客户："那位×××没有过来吗？听说她调到其他部门去了。"

【普通回答】

销售员："她的事情我不太清楚。"

【高情商回答】

销售员："您的消息真灵通。不过我今天来不是谈她的，是听说总部那边要对产品报价进行调整，如果购买量少的销售商，会受到一定的影响。当然，如果一次性购买量大，也有降价的机会。"

【技巧提示】

1. 要学会用调侃、幽默的方式，适当活跃气氛，确保双方都能将情绪调整到位。

2. 及时将话题转移到与客户切身利益相关的领域。